좋은 수업

좋은 수업

나의 수업	다시 보기
좋은 수업	바로 보기

신지현 원보라 이병은 이지영 김나래
이수현 김윤현 박신영 그리고 최영환

창비

들어가며

　여러 선생님과 이런저런 이야기를 나누다 노래 경연 프로그램으로 화제가 옮겨 갔습니다. 누군가 '누가 가장 좋은 가수인지' 질문을 던졌는데, 서로 다 다른 가수를 지목하는 것이었습니다. 감미로운 음색의 가수, 시원하게 고음을 내지르는 가수, 리듬을 잘 타는 가수 등 지목된 가수들은 저마다 잘하는 영역과 특색이 달랐습니다. 모든 것을 다 잘한다면 더할 나위 없이 좋겠지만, 어느 하나를 잘하는 것만으로도 충분히 좋은 가수로 인정받을 수 있음을 새삼 깨달았습니다. 그렇게 할 때에 개성 넘치는 좋은 가수들이 많아지고, 그들의 노래를 듣는 우리의 귀는 더욱 즐거울 것입니다.

수업도 마찬가지라는 생각이 듭니다. 흔히 '좋은 수업'이라고 하면 수업 목표에도 도달하고 교사와 학생의 만족도도 높은, 어느 것 하나 빠지지 않는 완벽한 수업을 떠올립니다. 그래서 좋은 수업에 이르는 길이 멀게만 느껴지고, 내 수업에 점점 자신이 없어지기도 합니다. 이제는 이런 강박에서 벗어나, 어느 한 부분에서라도 수업이 잘 이루어졌다면 좋은 수업이었다고 말할 수 있으면 좋겠습니다. 동기 유발이 잘된 수업, 수업 내용을 단계별로 잘 구성한 수업, 활동 정리를 잘한 수업 등 좋은 수업의 모습은 얼마든지 다채로울 수 있습니다.

수업의 어느 한 부분에 대한 나의 막연한 불만과 걱정이 수업 전체로 확장되어 수업의 만족도를 떨어트리는 경우도 있습니다. 그러나 모든 것이 완벽하게 이루어진 수업, 반대로 모든 것이 잘못된 수업은 찾아보기 어렵습니다. 수업을 여러 요소로 나누면, 내가 잘한 것과 잘하지 못한 것을 확인할 수 있습니다. 잘한 점은 더욱 살리고, 잘하지 못한 점은 어떻게 개선해 나갈지를 고민하는 것에서부터 좋은 수업은 시작됩니다. 내 수업을 돌아보고 고민한다는 것, 그것만으로도 좋은 수업을 할 충분한 준비를 끝낸 것은 아닐까요?

수업을 하면서 든 고민을 해결해 나가는 과정에서 찾은 좋은 수업의 길을 여러 선생님과 함께 걷고 싶습니다. 또한 이 책이 내 수업을 다시 바라보고 좋은 수업에 대해 생각해 보는 계기가 되기를 바랍니다. 잘하고 있는 부분에 자신감을 갖고, 부족한 부분을 채워 가는 데에도 작은 보탬이 되면 좋겠습니다. 오늘도 학교에서 좋은 수업을 연구하고 또 실천하고 계신 선생님들께 공감과 격려와 응원을 보냅니다.

2022년 가을, 저자 일동

차례

들어가며   5

◆ **1장**
탄탄한 기초를
발판 삼아

수업에는 알맹이가 있다 _ 수업의 요소   14
수업이 수업다워야 수업이지 _ 좋은 수업의 의미   19
재구성을 한다는 것 _ 수업 재구성의 의미   24

◆ **2장**
목표와 내용은
명확하고 구체적으로

핵심은 지키고 개성은 살리고 _ 수업 목표의 분석   32
수업 목표를 나누면 가야 할 길이 보인다 _ 수업 목표의 유형   39
그래서, 무엇을 가르쳐야 할까 _ 수업 내용의 구성   45

◆ **3장**
다채로운 방법으로 조립하여

그대로 따라 해야 하나요 _ 수업 방법의 분석과 활용	54
다른 듯 같은, 같은 듯 다른 _ 수업 활동의 구성	61
⋮ 활동 고민 상담소	
언제든지, 얼마든지 _ 수업의 절차 1	72
동기를 유발하기만 한다면야 _ 수업의 절차 2	78
슬기롭게 사용하려면 _ 수업 자료와 도구	85
과제, 어떻게 나눌까 _ 과제 분담 방식	93

◆ 4장

지원하고
도와주는 평가로

목적은 달라도 같은 것을 평가해요 _ 평가 목적과 평가 요소	102
나누어 가르치고, 나누어 평가하고, 나누어 제시하라 _ 분석적 평가	107
전보다 더 잘하는구나 _ 성장 중심 평가	115
80%, 목표 도달의 황금 비율 _ 목표 도달 여부의 판단	120
평가, 언제 해야 할까 _ 평가 시기	126

⋮ 평가 고민 상담소

◆ **5장**
on-line을 넘어 all-line으로

온라인 수업에는 무언가 특별한 것이 있다?! _ 온라인 수업　　142
오프라인 수업에 온라인 수업 더하기 _ 온오프라인 혼합 수업　　151

◆ **6장**
학생과 교사 모두 행복하게

학생 중심으로 수업하기 _ 학생을 고려한 수업　　162
수업 속의 '교사'와 수업 속의 '나' _ 교사를 고려한 수업　　171

1장

탄탄한 기초를
발판 삼아

수업에는 알맹이가 있다

• 수업의 요소 •

김 선생님은 수업을 계획하기 위해 수업 지도안을 작성하다가 고민에 빠졌습니다. '수업의 목표와 내용 항목은 서로 비슷해 보이는데 둘 다 있어야 할까?', '평가는 수업에서 반드시 필요한 요소일까?', '수업을 할 때, 교사인 나 자신도 고려할 수 있을까?' 김 선생님은 수업 지도안을 작성할수록 과연 이 요소가 정말 수업에 필요한 것인지, 또 정확히 무엇을 의미하는지 점점 더 헷갈렸습니다.

김 선생님의 고민은 수업에 반드시 필요한 요소가 무엇인지를 잘 모르기 때문에 생긴 것입니다. 수업을 계획할 때 어떤 요소를 고려해야 하는지는 수업의 핵심이 무엇인지에 달려 있습니다. 수업에서 핵심이 되는 것은 크게 다섯 가지로 나누어 볼 수 있습니다.

수업의 다섯 가지 핵심 요소

첫 번째 핵심 요소는 '수업 목표'입니다. 수업 목표란 학생이 수업으로 변화되어야 하는 상태를 의미합니다. 예를 들어 "촌락의 종류와 특징을 안다."나 "제자리멀리뛰기를 한다."와 같은 수업 목표가 있습니다. 전자는 학생이 촌락의 종류와 특징을 이해하도록 하는 데에 초점이 있습니다. 후자는 학생이 제자리에서 멀리 뛸 수 있도록 하는 데에 초점이 있습니다. 따라서 이 목표에서는 제자리멀리뛰기의 역사나 경기 규칙을 아는 것은 크게 중요하지 않습니다. 이렇게 수업 목표에 따라 수업에서 중점을 두어야 하는 부분이 달라집니다.

두 번째 핵심 요소는 '수업 내용'입니다. 수업 내용이란 학생이 수업 목표에 도달하기 위해 배워야 할 지식입니다. 농촌의 특징을 아는 것이 수업 목표인 경우 "농촌의 자연환경은 강, 하천, 넓은 들판으로 이루어져 있다.", "농촌에서는 주로 벼농사, 밭농사, 과일 재배를 한다."라는 지식 등이 이에 해당합니다. 제자리멀리뛰기에서는 착지를 어떻게 해야 하는지, 즉 "무릎을 가슴 쪽으로 당기고 발을 최대한 앞으로 내밀며 착지한다."라는 지식 등이 수업 내용이 됩니다.

세 번째 핵심 요소는 '수업 방법'입니다. 수업 방법은 학생이 수업 목표에 도달하기 위한 수단이나 방식을 의미하며 활동, 절차, 자료 등을 포함합니다. 앞서 예로 든 수업에서 학생은 농촌의 자연환경을 알기 위해 직접 농촌에 가서 조사를 할 수도 있고, 교사가 제공한 사진 자료를 보고 검토하는 활동을 할 수도 있습니다. 제자리멀리뛰기 수업에서는 교사가 시범을 보이거나, 시범 대신 동영상 자료를 활용하여 수업을 할 수 있습니다. 이렇게 다양한 수업 방법 중 무엇을 선택하는지에 따라 수업의 양상이 달라집니다.

네 번째 핵심 요소는 '평가'입니다. 평가는 학생의 수업 목표 도달 정도를 확인하는 것입니다. 가령 학생이 농촌의 자연환경에 대해 알게 되었는지, 농촌에서 하는 일을 설명할 수 있는지 확인합니다. 또한 제자리멀리뛰기를 바른 자세로 얼마나 멀리 뛰는지 확인합니다. 교사는 학생의 수업 목표 도달 정도를 확인하고 그 결과를 적절한 시기에 다양한 방법으로 제공합니다. 평가 결과를 통해 학생은 자신의 목표 도달 정도를 확인하고, 교사는 수업을 수정하거나 보완합니다. 그렇기 때문에 평가 결과에는 학생이 구체적으로 무엇을 잘했고, 무엇을 더 학습해야 하는지를 나타내는 유의미한 정보가 담기는 것이 좋습니다.

다섯 번째 핵심 요소는 수업 참여자인 '학생과 교사'입니다. 학생은 목표에 도달해야 하는 사람이고 교사는 학생이 목표에 도달할 수 있도록 돕는 사람입니다. 학생과 교사를 고려하여 수업을 운영하는 것은 수업에 긍정적인 영향을 미칩니다. 학생 개개인의 수준을 고려한다면 제자리멀리뛰기의 단계별 도전 과제를 학생마다 다르게 제공할 수 있습니다. 이때 학생은 자신에게 알맞은 단계에 도전함으로써 더 큰 성취감을 느낄 수 있고 그 결과 수업에도 열심히 참여할 것입니다. 교사가 선호하는 분위기 역시 수업에 많은 영향을 끼칩니다. 자신이 경험한 자연환경의 모습을 이야기해 보는 수업에서 차분한 분위기를 선호하는 교사는 한 명씩 돌아가며 발표하게 하고 다른 학생들은 조용히 발표를 듣게 합니다. 반면 활기찬 분위기를 선호하는 교사는 학생들끼리 활발하게 자신의 경험을 이야기하도록 합니다.

정리하면 수업의 목표, 내용, 방법, 평가 그리고 학생과 교사가 수업의 핵심 요소, 즉 수업의 알맹이입니다. 그렇다면 속이 꽉 차고 단단한 알맹이를 만들기 위해서는 어떻게 해야 할까요? 이제부터 그 방법을 함께 알아 가 보겠습니다.

수업과 교수·학습은 다른가요?

'수업'은 가르치고(교수) 배우는(학습) 행위를 모두 포함합니다. 교사와 학생의 행위를 구분하거나, 상호 작용을 강조할 때에는 '교수·학습'으로 쓰기도 하지만 이것이 지칭하는 현상은 '수업'과 동일합니다. 그래서 이 책에서는 '수업'으로 통일하여 '학습 목표' 대신 '수업 목표', '학습 내용' 대신 '수업 내용', '학습 방법' 대신 '수업 방법'으로 용어를 사용하였습니다. 그런데 '수업 평가'는 수업의 설계와 운영에 관한 전반적인 평가를 의미합니다. 학생이 수업 목표에 잘 도달했는지, 교사는 수업을 적절하게 구성했는지 등 수업의 모든 부분을 점검하고 확인하여 수업의 질을 관리하는 것입니다. 이러한 수업 평가와 구분하여, 학생의 수업 목표 도달과 관련한 평가는 '평가'라는 용어를 사용하였습니다.

수업이 수업다워야 수업이지

• 좋은 수업의 의미 •

박 선생님은 영어 시간에 뿅망치 게임을 자주 합니다. 영어 단어를 먼저 올바르게 읽은 학생이 상대방의 손을 뿅망치로 치는 게임입니다. 처음에는 영어 단어를 잘 못 읽는 학생이 많아 시작했는데 학생들이 이 게임을 좋아하여 자주 하게 되었습니다. 그런데 점점 학생들이 뿅망치로 상대방을 치는 데에만 집중하여 정작 영어 단어는 정확하게 읽지 않고, 상대방이 읽는 것도 제대로 듣지 않았습니다. 박 선생님은 이 게임을 계속할지 고민입니다. 학생들이 매우 좋아하지만 수업에 방해가 되기 때문입니다.

박 선생님처럼 학생들이 좋아하는 게임을 활용하여 수업을 했는데 가르친 것이 없는 느낌이 들 때가 있습니다. 주의를 끌기 위해 흥미로운 이야기를 꺼냈는데 그 이야기가 엉뚱한 방향으로 흘러가 수업 내용과 관련이 없는 이야기만 한참 하다가 수업을 끝낸 적도 있을 것입니다. 이렇듯 학생들이 즐거워하고 수업 집중도가 높다고 해서 무조건 좋은 수업이라고 할 수는 없을 것입니다. 좋은 수업이란 어떤 수업일까요? 또 좋은 수업을 하려면 어떻게 해야 할까요?

목표를 중심에 두는 수업

교사는 학생이 수업을 통해 수업 목표에 도달하기를 기대합니다. 이는 많은 학습 이론에서도 확인할 수 있습니다. 행동주의 이론에서는 반복적인 연습이나 성과에 대한 칭찬과 보상으로 학생의 바람직한 행동을 유도합니다. 인지주의 이론에서는 선행 지식을 바탕으로 지식을 구성하여 학생들이 특정 지식을 잘 알 수 있게 합니다. 학생 중심 이론에서는 학생의 경험이나 활동, 능동적 참여, 흥미를 강조함으로써 학생이 수업에 적극적으로 참여하고 수업 목표에 잘 도달할 수 있도록 합니다. 이렇게 많은 학습 이론에서 바람직하게 여기는 수업의 모습은 학생의 목표 달성을 지향하고 있습니다. 학생이 수업 목표에 더 잘 도달하도록 하기 위해 강조하는 방식만 다른 것입니다.

따라서 좋은 수업은 목표를 중심에 둔 수업이라고 볼 수 있습니다. 좋은 수업에서는 학생이 목표에 잘 도달할 수 있도록 내용, 방법, 평가를 계획하고, 학생의 목표 달성 가능성을 높이기 위해 학생과 교사의 특성도 고려합니다. 예를 들어 "만날 때 하는 인사말을 할 수 있다."가 수업 목표인 영어 수업을 살펴봅시다. 학생이 만날 때 하는 인사말을 잘 하도록(목표) 내용, 방법, 평가를 구성하고 학생과 교사의 특성을 고려합니다. 학생은 "Hi."나 "Hello." 등을 사용하여(내용) 인사 놀이(방법)를 하고 교사는 학생들이 대화하는 모습을 관찰하여 평가합니다. 학생의 수준이 높은 경우 "Hi."나 "Hello."보다 더 어려운 내용을 선택할 수 있고 방법이나 평가 또한 다르게 계획할 수 있습니다. 중요한 것은 학생의 목표 달성 가능성을 높이는 방향으로 각 요소를 계획해야 한다는 점입니다.

앞서 살펴본 대로 수업에서는 다섯 가지 핵심 요소가 서로 영향을 주고받습니다. 학생의 수준에 따라 수업 내용을 결정하고 이에 따라 방법과 평가를 결정합니다. 그러나 각 요소간의 연결을 고려하는 것보다 더 중요한 것은 수업 목표 도달입니다.

　박 선생님도 처음에는 학생의 흥미를 고려하여 뽕망치 게임이라는 방법을 선택했습니다. 그런데 학생들이 점점 게임에만 몰두하다 보니 단어 읽기 능력 향상이라는 수업 목표와 거리가 멀어졌습니다. 이 경우 목표를 중심에 둔다면 방황을 하더라도 곧 돌아올 수 있지만, 그렇게 하지 않는다면 계속 방황하거나 전혀 다른 길로 갈 것입니다. 가장 중요한 것은 도달하고자 하는 목표를 중심에 두고 내용, 방법, 평가를 계획해야 하고 학생과 교사에 대한 고려도 목표 달성의 가능성을 높이는 방향으로 이루어져야 한다는 점입니다.

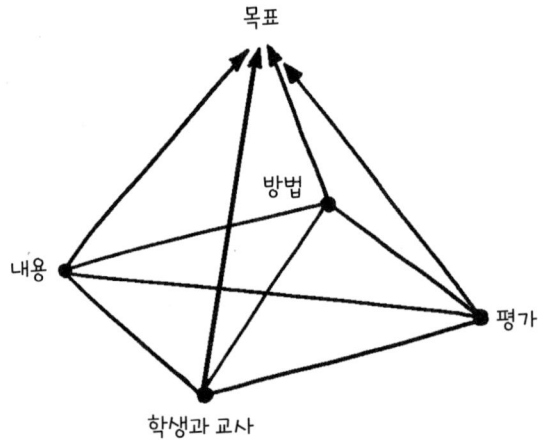

좋은 수업은 바로 목표 중심의 수업입니다. 물론 교사가 목표 중심의 수업을 계획했더라도 학생들이 목표에 도달하지 못하는 일도 있습니다. 그러나 목표 중심으로 수업을 계획하고 수업 중에 목표 달성의 가능성을 높이기 위해 노력했다면 좋은 수업이라고 할 수 있습니다.

목적지가 없는 배는 표류하기 쉽습니다. 분명한 목적지가 있어야 적절한 항로를 선택하여 좋은 항해를 할 수 있습니다. 수업도 마찬가지입니다. 수업에서 길을 잃거나 방황하지 않으려면 목표를 향해 가도록 설계하는 것이 가장 좋습니다. 목표 중심의 수업이 가장 수업다운 수업입니다.

재구성을 한다는 것

● 수업 재구성의 의미 ●

윤 선생님은 공개 수업을 앞두고 다른 선생님들과 협의를 하는 시간을 가졌습니다. 박 선생님은 교과서의 수업 목표를 수정하자고 하고, 최 선생님은 그대로 사용하자고 합니다. 예전에는 재구성에 대한 인식이 별로 없었어서 전문가가 만든 교과서를 교사 마음대로 수정하면 안 된다고 생각했었습니다. 하지만 요즘은 오히려 교과서를 재구성하지 않고 수업하면 게으르고 시대에 뒤처지는 교사로 보는 인식이 있는 것 같습니다. 윤 선생님은 교과서를 재구성하여 수업할지, 교과서 그대로 수업할지 결정을 하지 못해 난처했습니다.

수업을 계획할 때, 재구성을 반드시 해야 할까요? 재구성을 하지 않으면 무능하고 게으른 교사일까요? 윤 선생님처럼 재구성의 필요성이나 목적에 의문을 가질 때가 있습니다. 이를 해결하기 위해서는 교과서나 교육 과정이 내포하고 있는 의미들을 살펴볼 필요가 있습니다.

재구성의 시작, 교과서 들여다보기

재구성은 교과서를 들여다보는 것에서부터 시작됩니다. 교과서는 전문가가 교육 과정을 상세화하여 만든 자료입니다. 이러한 교과서에 제시된 수업 목표와 수업 내용, 그리고 활동과 평가를 살펴보면 수업에 대한 전반적인 그림을 그릴 수 있습니다.

그러나 교과서는 표준화된 학생과 환경을 기준으로 만들어지기 때문에 실제 수업 맥락에 맞지 않는 경우가 발생하기도 합니다. 따라서 교과서에 제시된 수업 목표, 내용, 방법, 평가가 우리 학급에 적합한지 검토해야 합니다. 예를 들어 학생들이 도달할 수 있는 목표인지, 내용의 수준이 너무 높거나 낮지는 않은지, 학생이 살고 있는 지역에서 할 수 있는 활동인지 등을 검토할 수 있습니다. 이는 언뜻 거창한 작업처럼 보이지만 사실은 그렇지 않습니다. 많은 교사가 교과서를 살펴보다가 '우리 반 학생들에게 딱 맞겠다.' '우리 반 학생들에게는 좀 어려워 보이는데?', '이 지역은 눈이 잘 안 오는데, 눈으로 놀이를 할 수 있을까?'와 같은 생각을 합니다. 이렇게 교과서를 수업 맥락에 비추어 보는 것, 이것이 바로 재구성의 시작입니다. 교과서가 수업 맥락에 적절하다면 재구성은 필요하지 않지만, 수업 맥락에 적절하지 않다면 재구성이 필요합니다.

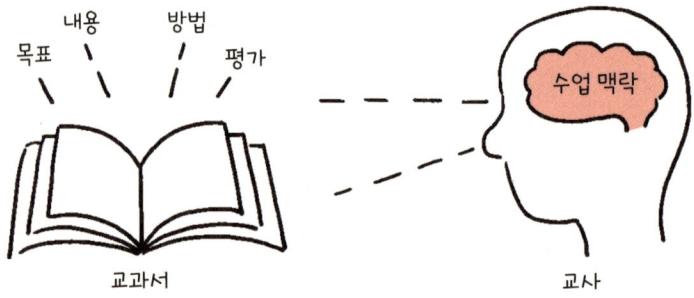

재구성의 기준, 교육 과정

재구성을 할 때는 교육 과정을 기준으로 합니다. 교과서는 교육 과정을 바탕으로 만들어지기 때문에 수업을 재구성할 때에도 교육 과정의 범위 내에서 해야 합니다. 구체적으로 교과서의 수업 목표를 재구성하려면 교육 과정의 성취 기준을 살펴봐야 합니다.

초등학교 2학년 통합 교과서『겨울』에는 "건강하게 겨울을 나기 위해 규칙적으로 줄넘기를 해 봅시다."라는 수업 목표가 설정된 단원이 있습니다. 만약 제시된 줄넘기 활동이 우리 학교 실정이나 우리 반 학생들에게 적절하지 않다면 수업을 재구성해야 합니다. 이때 재구성은 교육 과정에 제시된 성취 기준을 바탕으로 합니다. 관련 성취 기준이 "건강하게 겨울을 나기 위해 규칙적으로 운동을 한다."이므로 '줄넘기' 대신 겨울나기를 위해 할 수 있는 '태권도'와 같은 다른 운동으로 바꾸는 것도 하나의 대안이 됩니다. 이렇게 수업 재구성은 교과서를 매개로 하여 교육 과정에서 다시 수업으로 돌아오는 과정이라고 할 수 있습니다.

재구성의 목적, 수업 목표 도달

재구성은 왜 하는 것일까요? 재구성의 목적은 학생의 효과적인 수업 목표 도달에 있습니다. 교과서 그대로 수업하였을 때 학생들이 수업 목표에 도달하기 어려워 보인다면, 학생들이 수업 목표에 잘 도달할 수 있도록 재구성해야 합니다.

예를 들어 설명하는 글을 쓰는 수업에서 만약 학생들이 공룡을 좋아한다면 교과서에 제시된 주제 대신 공룡을 주제로 설명문 쓰기를 할 수 있습니다. 그렇게 하면 설명할 대상에 대한 학생들의 관심이 높아지고, 자료를 조사하고 정리하는 데에도 적극적인 태도를 보입니다. 학생들은 제재에 대한 자발적인 관심과 흥미를 바탕으로 수업에 몰입할 수 있고, 교사는 설명문 쓰는 방법에 집중하여 더 잘 가르칠 수 있습니다. 결과적으로 학생들이 설명문 쓰기를 더 잘하게 될 가능성이 높아집니다.

이러한 재구성은 개별화 수업과도 연결됩니다. 학급 전체를 위한 재구성에서 한 발 더 나아가 학생 개개인을 위한 재구성까지도 시도해 볼 수 있습니다. 가령 어떤 학생은 한 문단으로 설명하는 글을 쓰게 하고 어떤 학생은 두 문단으로 설명하는 글을 쓰게 할 수 있습니다. 이렇게 학생 개개인의 수준에 맞게 수업을 재구성하면 학생들은 글쓰기 자체에 대한 부담은 덜 느끼면서 설명하는 방법에 집중하여 글을 쓸 수 있습니다. 그 결과 "설명하는 글을 쓸 수 있다."라는 수업 목표에 더 잘 도달할 수 있습니다.

교사는 수업 맥락을 고려하여 교과서를 살펴보고 재구성이 필요한지 결정합니다. 만약 학생들이 교과서만으로도 수업 목표를 달성할 수 있다고 판단되면 재구성을 할 필요가 없습니다. 그러나 학생들이 교과서대로 수업할 때, 수업 목표에 잘 도달할 수 없다고 판단되면 교육 과정을 기준으로 재구성할 수 있습니다. 이렇듯 재구성은 당위적인 지침이 아니라 학생과 교사에게 가장 적합한 대안을 선택하는 과정입니다.

수업 맥락이란 무엇인가요?

'수업 맥락'은 수업을 설계하거나 운영할 때 영향을 미치는 학생, 교사, 환경 등을 말합니다. 구체적으로는 학생의 수준, 흥미, 관심, 성향, 경험과 교사의 흥미, 관심, 성향, 가치관 등이 수업 맥락에 포함됩니다. 그리고 교실, 특별실, 체험 현장, 날씨, 시기, 계절과 같은 시공간 환경도 포함합니다. 이 책에서는 그중 학생과 교사와 관련한 요인을 중점적으로 다룹니다. 학생과 교사는 수업을 계획하고 운영할 때 가장 큰 영향을 미치는 수업의 기본 요소이기 때문입니다.

2장

목표와 내용은
명확하고 구체적으로

핵심은 지키고 개성은 살리고

• 수업 목표의 분석 •

김 선생님은 "오래달리기로 심폐 지구력을 기를 수 있다."라는 수업 목표가 설정된 단원의 수업을 준비하고 있습니다. 운동장 사용 일정을 조정하려고 모인 자리에서 옆 반 윤 선생님이 말합니다.

"저는 작년에 줄넘기로 수업했는데 아이들 심폐 지구력이 많이 늘었어요. 올해도 줄넘기로 수업을 할 거라 운동장보다는 주로 강당을 사용할 예정입니다."

교과서 수업 목표는 오래달리기로 심폐 지구력을 기르는 것인데, 줄넘기로 수업을 한다니……. 김 선생님은 의아한 마음이 들었습니다. 운동 종목을 선생님 마음대로 바꿔도 괜찮은 걸까요?

같은 교과서로 수업하는데 김 선생님은 오래달리기로, 윤 선생님은 줄넘기로 수업을 계획했습니다. 김 선생님은 교과서에 제시된 수업 목표의 모든 부분이 중요하다고 생각하고 있었는데 윤 선생님의 말을 듣고 혼란스러워졌습니다. 수업 목표의 모든 부분은 동등하게 중요할까요? 수업에서 가장 중요한 핵심은 어떻게 찾을 수 있을까요?

수업 목표의 기본 구조

수업 목표에서 핵심이 되는 부분은 '무엇을+어찌하다'의 구조를 활용하면 쉽게 찾을 수 있습니다.

- **체육** 오래달리기로 심폐 지구력을 기를 수 있다.
- **국어** 이야기 속 인물의 말과 행동을 따라 할 수 있다.
- **음악** 노래를 듣고 장조와 단조를 비교할 수 있다.

위에서 밑줄 친 부분이 바로 수업 목표의 핵심입니다. 체육 교과를 먼저 살펴보면 오래달리기보다 '심폐 지구력을(무엇을)+기를 수 있다(어찌하다)'가 더 중요하다는 의미입니다.

국어과 수업 목표에서 '무엇을+어찌하다' 구조를 활용하면 '인물의 말과 행동을(무엇을)+따라 할 수 있다(어찌하다)'가 핵심이라는 것을 알 수 있습니다. 마찬가지로 음악과 수업 목표에서 해당 구조를 찾으면 '장조와 단조를(무엇을)+비교할 수 있다(어찌하다)'가 핵심임을 확인할 수 있습니다.

이때 수업 목표의 핵심을 제대로 찾았는지 확인하려면 관련 성취 기준을 살펴보는 것이 좋습니다.

	성취 기준	수업 목표
체육	체력 운동을 선택하고 자신의 수준에 맞게 운동 계획을 세워 실천한다. 건강을 유지하기 위한	오래달리기로 심폐 지구력을 기를 수 있다.
국어	그림책, 시나 노래, 이야기를 인물의 모습, 행동, 마음을 상상하며 감상한다.	이야기 속 인물의 말과 행동을 따라 할 수 있다.
음악	5~6학년 수준의 음악 요소와 개념을 구별하여 표현한다.	노래를 듣고 장조와 단조를 비교할 수 있다.

체육과 성취 기준을 살펴보면 체력 운동을 '선택'하라고 하였기 때문에 운동 종목은 선택 가능합니다. 그러나 '건강을 유지'하는 것은 선택 사항이 아닌 것으로 진술되어 있기 때문에 "심폐 지구력을 기를 수 있다."는 그대로 유지해야 합니다. 국어과 성취 기준에서는 그림책, 시, 노래, 이야기 등 다양한 갈래를 나열하고 특별한 갈래를 지정하지 않았기 때문에 갈래를 선택할 수 있습니다. 그러나 인물의 모습, 행동, 마음을 상상하며 감상하는 부분은 선택 사항이 아니기 때문에 "인물의 말과 행동을 따라 할 수 있다."는 그대로 남겨 두어야 합니다. 마지막으로 음악과 성취 기준에서는 악곡에 대한 별도의 안내가 없으므로 악곡을 선택할 수 있습니다. 반면 성취 기준에서 음악 요소와 개념을 구별하여 표현하는 것은 선택할 수 없는 부분이기에 "장조와 단조를 비교할 수 있다."는 그대로 두어야 합니다.

이렇게 수업 목표의 핵심을 찾기 위해서는 먼저 목표 문장의 기본 구조를 분석하고, 관련 성취 기준을 확인하여 내용을 비교해 보는 과정을 거치는 것이 좋습니다.

핵심과 핵심이 아닌 것

'무엇을+어찌하다' 기본 구조와 성취 기준을 참고하여 수업 목표의 핵심을 찾아보았습니다. 그런데 수업 목표에서 핵심이 아닌 부분은 어떤 역할을 할까요?

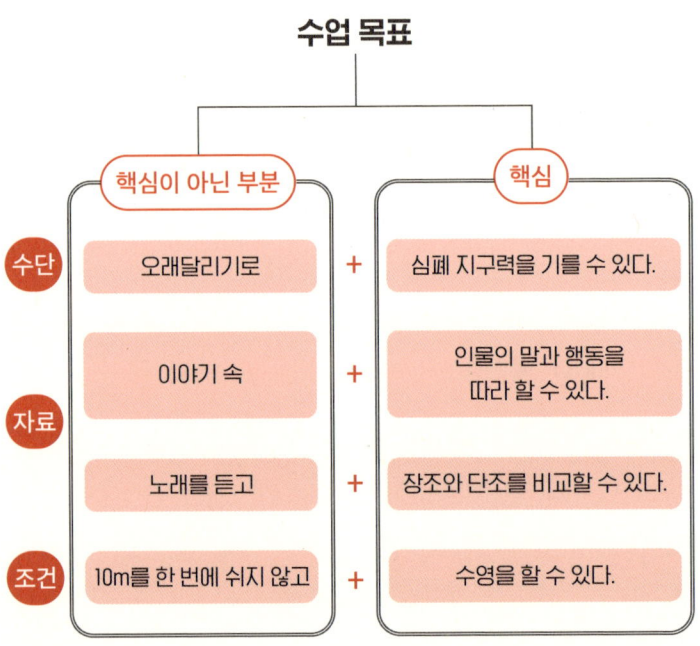

수업 목표에서 핵심이 아닌 부분은 수업 목표를 달성하기 위한 수단, 자료, 조건 등을 나타냅니다. 오래달리기는 심폐지구력을 키우기 위한 수단입니다. 따라서 줄넘기, 걷기 등 다른 수단으로 대체할 수 있습니다. 이야기와 노래는 자료에 해당합니다. 그렇기 때문에 다른 작품을 사용해도 괜찮습니다. 수영 수업에서 10m를 쉬지 않고 간다는 것은 교육 과정 성취 기준에서 지정하지 않은 선택의 영역입니다. 너무 긴 거리를 한 번에 가기는 어렵기 때문에 학생의 수준을 고려하여 10m라는 조건을 세운 것입니다. 따라서 학생의 수준에 따라 10m를 30m로 바꾸거나, '중간에 한 번 쉬고' 등의 조건을 추가할 수도 있습니다.

이처럼 수단, 자료, 조건을 나타내는 요소는 다른 것으로 대체될 수 있기 때문에 핵심이 아닙니다. 학급의 상황과 특성을 고려하여 교사가 수업 목표에서 핵심이 아닌 부분을 자율적으로 바꾸어 구성하면 수업의 다양성을 확보할 수 있습니다.

수업에서 핵심은 수업 목표의 기본 구조에 있습니다. 기본 구조는 대체할 수 없는 부분과 대체 가능한 부분을 나눠 주는 기준이 됩니다. 수업 목표의 기본 구조에 대한 이해를 바탕으로 수업의 핵심을 찾아야 학습할 내용이 명확해집니다. 그 외의 것은 수업 맥락을 고려하여 자율적으로 변경할 수 있습니다. 이러한 방식으로 수업 목표를 구성할 때, 핵심은 지키면서 개성을 살리는 수업을 할 수 있을 것입니다.

수업 목표를 나누면 가야 할 길이 보인다

• 수업 목표의 유형 •

장 선생님은 동물의 한살이 단원에서 배추흰나비를 키우며 그 성장 과정을 관찰하고 기록하는 수업을 했습니다. 단원을 마무리하는 마지막 시간에는 "배추흰나비의 한살이를 그림으로 표현할 수 있다."라는 수업 목표를 설정했습니다.

"와! 너 나비 진짜 화려하게 잘 그렸다."

"선생님, 저 나비 못 그리겠어요. 잘 그릴 자신이 없어요."

그런데 학생들은 화려하고 예쁜 나비를 그리는 데만 푹 빠져 버렸습니다. 정작 배추흰나비의 한살이 과정을 표현한 학생은 많지 않은 것을 보고 장 선생님은 중요한 부분을 놓쳤다는 생각이 들었습니다.

앞서 기본 구조를 활용해 수업 목표의 핵심을 찾는 방법을 알아보았습니다. 그에 따르면 본 수업 목표의 기본 구조는 '배추흰나비의 한살이를+표현하다'입니다. 그런데 장 선생님은 왜 학생들이 나비를 그리는 활동에 집중하는 것이 문제가 된다고 생각한 것일까요? 그 답은 수업 목표의 유형을 구분해 보는 과정에서 찾을 수 있습니다.

수업 목표의 유형

수업 목표는 '무엇을+안다'와 '무엇을+한다'로 나눌 수 있습니다. '무엇을+안다' 유형의 수업 목표는 지식을 아는 것을 목표로 합니다. '무엇을+한다' 유형의 수업 목표는 신체적 기능이나 사고 기능을 습득하는 것을 목표로 합니다.

이러한 수업 목표의 유형에 따라 수업에서 초점을 두어야 하는 부분이 달라집니다. 예를 들어 "단소의 연주 방법을 알 수 있다."는 '무엇을+안다' 유형의 수업 목표입니다. 그렇기 때문에 단소의 운지법, 취구에 입술을 대는 방법 등을 아는 것이 중요합니다. "단소를 연주할 수 있다."는 '무엇을+한다' 유형의 수업 목표이므로 연주 방법을 익혀 직접 소리를 내어 연주하는 것이 핵심입니다. 이처럼 목표 유형을 '안다'와 '한다'로 구분하면 그 수업에서 무엇에 초점을 두어야 할지 알 수 있습니다.

수업 목표의 유형	수업 목표의 예	
	무엇을	어찌하다
'무엇을+안다'	판본체의 특징을	알 수 있다.
	단소의 연주 방법을	알 수 있다.
	요약하는 방법을	알 수 있다.
'무엇을+한다'	판본체를	쓸 수 있다.
	단소를	연주할 수 있다.
	이야기를	요약할 수 있다.

'한다'의 탈을 쓴 '안다'

대체로 수업 목표의 기본 구조에서 '어찌하다'를 살펴보면 어떤 목표 유형에 속하는지 알 수 있습니다. 그러나 종종 진술된 수업 목표만으로는 무엇에 초점을 두어야 할지 파악하기 어려울 때가 있습니다.

앞선 예에서 "배추흰나비의 한살이를 그림으로 표현할 수 있다."라는 수업 목표는 '무엇을+한다' 유형이지만, 동물의 한살이에 대한 지식, 변태 과정이나 성장 과정에 대한 지식을 '아는 것'에 중점을 둔 목표입니다. 해당 단원과 관련한 2015 과학과 교육 과정의 교수·학습 방법 및 유의 사항을 살펴보면 "학년 수준을 고려해 글과 그림으로 한살이를 표현해 보도록 지도할 수 있다."라고 되어 있습니다. 이는 글과 그림으로 표현하는 것은 한살이를 제대로 알기 위한 활동의 일환이라는 것으로 해석할 수 있습니다. 그림으로 표현하는 것은 그 지식을 정리하고 확인하는 데 도움을 주는 활동일 뿐, 어떻게 동물을 그리고 색칠하는가는 핵심이 아닙니다.

따라서 이러한 유형의 수업 목표 단원의 활동을 안내할 때에는 학생들이 알아야 하는 것을 강조해야 합니다. 만약 장 선생님이 그리기 활동을 하기 전에 배추흰나비의 한살이에 대해 알고 있는 것을 잘 정리하는 것이 중요하다고 안내했다면, 학생들은 나비 그리기보다 한살이 자체에 더 집중했을 것입니다.

마찬가지로 "식물의 구조와 기능을 역할극으로 표현할 수 있다."라는 수업 목표도 아는 것이 중요한 목표입니다. 식물의 각 기관인 꽃, 줄기, 뿌리 등의 기능을 보다 잘 알기 위해

연극으로 표현하는 것입니다. 그렇기 때문에 화려한 소품이나 연기를 위한 표현력은 중요하지 않습니다. "세계 여러 나라를 소개할 수 있다."가 수업 목표인 수업에서는 어떤 목소리와 자세로 발표하는지보다 세계 여러 나라의 특징을 아는 것이 더 중요합니다.

수업 목표	
무엇을	어찌하다
배추흰나비의 한살이를	그림으로 표현할 수 있다.
식물의 구조와 기능을	역할극으로 표현할 수 있다.
세계 여러 나라를	소개할 수 있다.

이처럼 겉으로는 '한다' 유형이지만, 하는 것 자체보다 '알고' 하는 것이 더 중요한 수업 목표가 있습니다. 따라서 단원을 구성하고 있는 수업 목표의 초점과 교육 과정의 '교수·학습 방법 및 유의 사항'처럼 성취 기준을 수업에 적용할 때 참고해야 하는 설명도 함께 살펴보아야 합니다. 이렇게 해야 '한다의 탈을 쓴 안다' 유형의 수업 목표를 찾아내어 무엇에 초점을 둘지 정할 수 있기 때문입니다.

같은 자동차라 하더라도 경주를 목적으로 하느냐, 이동을 목적으로 하느냐에 따라 설계의 초점이 달라집니다. 경주를 목적으로 하면 빠르게 달릴 수 있는 차를 설계하고, 이동을 목적으로 하면 편안한 차를 설계합니다. 자동차가 수업이라면, 경주용 차를 만들 것인지 승용차를 만들 것인지 생각하는 것은 수업 목표가 '아는 것'인지 '하는 것'인지 살펴보는 것과 같습니다. 설계 목적을 분명히 한 자동차가 제 기능을 잘 수행할 수 있는 형태로 제작되듯이, 목표의 초점을 분명히 할 때 수업이 올바른 방향으로 흘러갈 수 있습니다.

그래서, 무엇을 가르쳐야 할까

● 수업 내용의 구성 ●

　박 선생님은 "판본체를 쓸 수 있다."라는 수업 목표로 수업을 하려고 합니다. 그래서 서예 용구와 바르게 쓰인 예시 작품 등 수업을 위한 만반의 준비를 했습니다. 그런데 막상 수업이 시작되자 붓을 눕혀서 쓰거나 삐뚤빼뚤한 글씨체로 쓰는 학생이 많았고, 예시 작품을 보여 줘도 제대로 판본체를 따라 쓰는 학생은 거의 없었습니다. 무엇이 문제였는지를 고민하고 있는 박 선생님에게 옆 반 최 선생님이 '서예는 학생들에게 낯설기 때문에 쓰는 방법을 차근차근 자세하게 가르쳐야 한다'고 말했습니다. 이 말을 들은 박 선생님은 '예시 작품을 보고 하나하나 따라 쓰게 했는데, 이보다 무엇을 더 가르쳐야 될까?'라는 의문이 들었습니다.

1장에서 수업 내용이란 수업 목표에 도달하기 위해 가르쳐야 할 지식을 의미한다고 했습니다. 수업 내용의 의미를 토대로 살펴보면 박 선생님이 준비한 예시 작품은 수업 자료일 뿐, 수업 내용이 아닙니다. 그렇다면 수업 내용을 제대로 구성하려면 어떻게 해야 할까요?

수업 내용의 구성은 수업 목표의 유형에 따라 달라집니다. 수업 목표를 '무엇을+안다(아는 것)'와 '무엇을+한다(하는 것)'로 나누어 수업 내용을 구성하는 방법을 살펴보겠습니다.

'아는 것'을 위한 수업 내용

수업 목표가 '무엇을+안다'의 기본 구조로 이루어진 경우, 수업 내용을 구성하기 위해서는 '무엇을'에 해당하는 것을 분석해야 합니다. 사회과의 "삼국의 생활 모습을 알 수 있다."라는 수업 목표에서 '무엇을'에 해당하는 것은 '삼국의 생활 모습'입니다. '생활 모습'은 정치, 경제, 사회, 문화로 상세화할 수 있습니다. 따라서 삼국의 정치, 경체, 사회, 문화에 대한 내용을 알아야 "삼국의 생활 모습을 알 수 있다."라는 수업 목표에 도달할 수 있습니다.

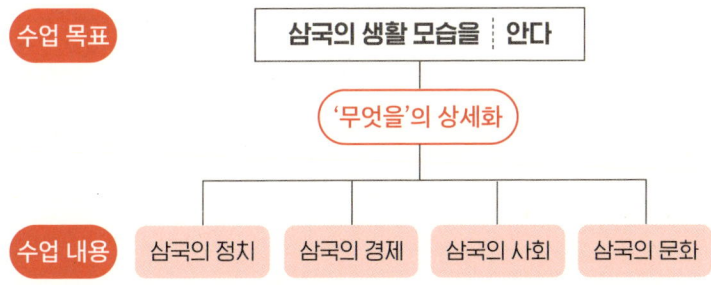

다음으로 국어과의 수업 목표를 살펴볼까요? 국어과의 "국어사전에서 낱말을 찾는 방법을 알 수 있다."라는 수업 목표에서 '무엇을'에 해당하는 것은 '국어사전에서 낱말을 찾는 방법'입니다. 교과서에 제시된 내용을 참고하면, 국어사전에서 낱말을 찾는 방법은 세 단계로 이루어져 있습니다. 먼저 국어사전에 첫 자음자, 모음자, 받침이 실린 순서를 알아야 합니다. 다음으로 낱말이 두 글자 이상으로 되어 있다면 글자가 배열된 순서를 파악하고 각 글자의 짜임(첫 자음자, 모음자, 받침)을 파악합니다. 마지막으로 앞 글자부터 글자의 짜임 순서대로 사전을 찾습니다. 이때 다시 처음에 배웠던 첫 자음자, 모음자, 받침이 사전에 실리는 순서를 떠올립니다. 이 세 단계가 수업 내용에 해당하며, 이를 알아야 "국어사전에서 낱말을 찾는 방법을 알 수 있다."라는 수업 목표에 도달할 수 있습니다. 이처럼 수업 목표가 '아는 것'일 경우, 기본 구조 중 '무엇을'을 상세화하여 수업 내용을 마련합니다.

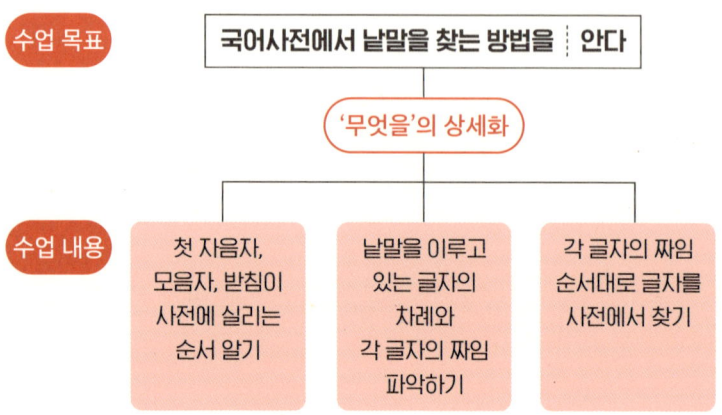

'하는 것'을 위한 수업 내용

   수업 목표가 '무엇을+한다'의 기본 구조로 이루어진 경우에는 수업 내용을 어떻게 구성하면 좋을까요? 수업 목표가 "판본체를 쓸 수 있다."인 경우, 학생들이 판본체를 열심히 썼다고 해서 수업 목표를 달성했다고 할 수 있을까요? 붓을 쥐는 방법도 모르고, 가로획과 세로획의 모양도 잘 맞지 않는다면 수업 목표에 도달했다고 보기 어렵습니다. 판본체를 제대로 쓰기 위해서는 판본체를 쓰는 '방법'을 익혀야 합니다. 그러나 대체로 수업 목표에는 방법을 알아야 한다는 것이 드러나 있지 않습니다. 그러다 보니 앞선 사례처럼 학생들이 판본체 쓰기 수업에서 '판본체를 쓰는 방법'은 배우지 못한 채 판본체를 써 보는 활동만 하게 됩니다.

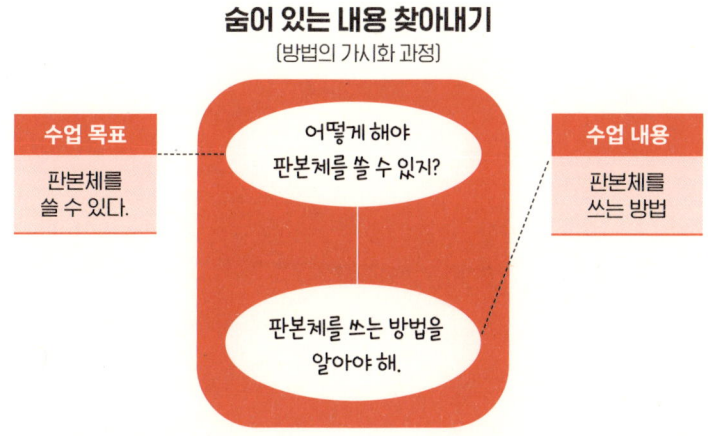

'무엇을+한다' 형식의 수업 목표에서 '방법'이 드러나 있지 않은 경우, 이를 가시화하는 과정이 필요합니다. 진술된 수업 목표에 '하는 방법'을 덧붙이면 '하는 것'을 위한 수업 내용을 구성할 수 있습니다. 이 과정을 통해 교사는 필요한 수업 내용이 무엇인지 명확하게 인식할 수 있습니다. 다시 말해 '하는 것'을 위한 수업 목표의 수업에서는 다음과 같이 '하는 방법'에 대한 고려가 필요합니다. 박 선생님의 고민 사례를 '쓰는 방법'에 초점을 두어 살펴봅시다.

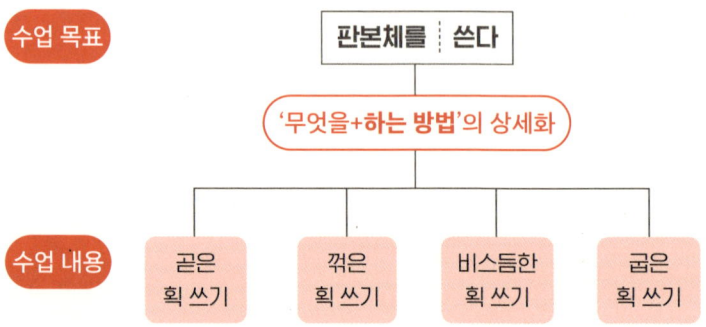

판본체를 쓰는 방법은 위와 같이 네 가지로 상세화할 수 있습니다. 첫째, 곧은 획을 쓰면서 획을 시작하고 끝맺는 방법과 일정한 굵기로 쓰는 방법을 익힙니다. 둘째, 꺾은 획을 쓰면서 붓면을 바꾸어 쓰는 방법을 배웁니다. 셋째, 비스듬한 획을 쓰면서 양쪽이 대칭이 되도록 쓰는 법을 배웁니다. 넷째, 굽은 획을 쓸 때 한 번에 쓰거나, 두 번에 나누어 쓰는 방법을 배웁니다. 이러한 방법들을 배우고 익힐 때에야 비로소 판본체를 바르게 쓸 수 있을 것입니다.

만약 어떤 기업에서 고안한 신제품을 실제 만들려고 할 때, 만드는 방법을 공장에 상세하게 제공하지 않는다면 어떻게 될까요? 아마도 제대로 된 제품을 만들기 어려울 것입니다. 제품을 잘 만들게 하려면 전체를 여러 부분으로 나누고, 각 부분에 필요한 부품과 재료를 제공하여 어떻게 조립하고 다루어야 하는지를 알려 주어야 합니다. 마찬가지로 수업 목표에 더 잘 도달하게 하기 위해서는 수업 목표를 분석하고 상세화하여 목표 달성에 필요한 방법들을 제공해야 합니다.

3장

다채로운 방법으로 조립하여

그대로 따라 해야 하나요

• 수업 방법의 분석과 활용 •

김 선생님은 연수에서 '거꾸로 수업'을 알게 되었습니다. 거꾸로 수업은 기존 이론 중심의 교실 수업을 교실 밖으로 옮기고, 교실에서는 적용 학습, 토의나 토론, 과제 수행을 중심으로 하는 수업입니다. 거꾸로 수업을 하면 학생들이 흥미를 가지고 적극적으로 수업에 참여한다고 하고, 요즘 수업을 잘하기로 소문난 선생님들이 거꾸로 수업을 활용하고 있다는 말도 들었습니다. 김 선생님은 이제부터 자신의 모든 수업에 거꾸로 수업을 적용하겠다는 결심을 했습니다.

새로운 수업 방법을 접했을 때, 어떤 선생님은 김 선생님처럼 이를 수용하고 그대로 따라 하려고 합니다. 새로운 방식에 긍정적 가치를 부여하기 때문입니다. 반면 새로 접한 수업 방법이 낯설어 무조건 거부하는 선생님도 있습니다. 새로운 수업 방법을 익히는 데 시간이 오래 걸리고, 자신의 수업에 적용하기 버겁다고 생각하기 때문입니다. 이렇게 새로운 수업 방법 전체를 무조건적으로 수용하거나 거부해도 괜찮은 걸까요?

부분으로 나누어 보기

새로운 수업 방법을 무조건적으로 수용하거나 거부하는 일은 수업 방법을 하나의 덩어리로 바라보기 때문에 생깁니다. 수업 방법을 덩어리로 인식하면 기존의 것과 비교했을 때 어디까지가 새로운 것인지 확인하기 어렵습니다. 그래서 새로 접한 수업 방법에 지나치게 가치를 부여하여 그것을 맹목적으로 따라 하려고 하거나, 반대로 익히고 적용하기가 부담스러워 거부하는 일이 생깁니다. 처음에 사례로 들었던 거꾸로 수업 방법을 다른 수업 방법과 비교해 보겠습니다.

거꾸로 수업 방법	수업 방법 1	수업 방법 2
가정에서 교사의 리본 체조 설명 영상을 시청한 후, 학교에서 친구의 리본 체조 동작을 똑같이 따라 하는 게임 하기	학교에서 교사의 리본 체조 기본 동작에 대한 설명을 들은 후, 교사의 안내대로 기본 동작 연습하기	가정에서 리본 체조 기본 동작 한 가지를 조사한 후, 학교에서 친구와 함께 리본 체조 동작 연습하고 발표하기

　수업 방법 1은 직접 교수법에 따른 것이고, 수업 방법 2는 조사 학습 방법을 활용한 것입니다. 직접 교수법은 교사가 주도적으로 설명하고 안내하는 대로 학생이 활동한다는 특징이 있고, 조사 학습 방법은 학생이 미리 조사해 온 것을 토대로 수업이 운영된다는 특징이 있습니다. 거꾸로 수업 방법은 수업 전에 가정에서 선행 학습이 이루어져서 수업 중에 적용 활동을 할 시간이 많다는 특징이 있습니다.
　수업을 덩어리로 보면 이렇게 눈에 띄는 차이점만 부각되어 세 수업이 서로 달라 보이지만, 부분으로 나누어 비교하면 공통점을 찾을 수 있습니다.

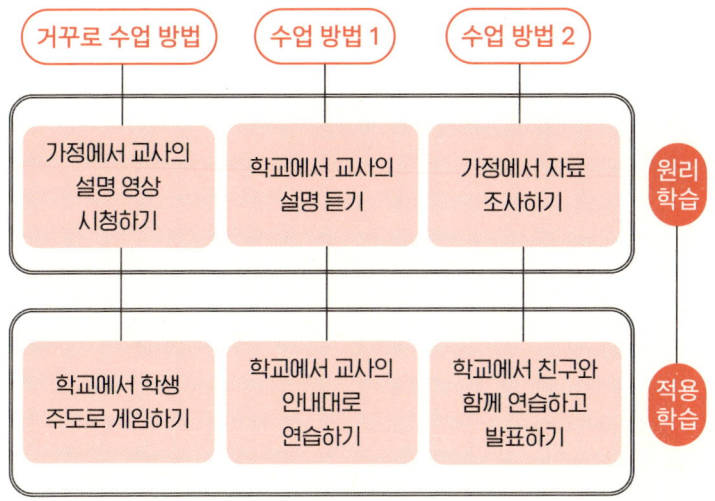

　위의 세 수업은 모두 리본 체조의 기본 동작을 알아보는 원리 학습과 게임, 연습, 발표 등을 하는 적용 학습으로 구성되어 있습니다. 이렇게 두 부분으로 나누어 각 부분의 특징을 분석하면, 거꾸로 수업 방법도 '원리 학습 → 적용 학습' 순서로 이루어지는 다른 수업 방법과 큰 차이가 없음을 알 수 있습니다.

　수업이 이루어지는 장소, 수업 자료, 활동으로 나누어 분석할 수도 있습니다. 거꾸로 수업 방법은 원리 학습을 가정에서 사전에 진행하고, 학교에서는 학생의 주도성이 높은 적용 활동을 한다는 점에서 수업 방법 1과 차이가 있습니다. 하지만 원리 학습이 교사의 설명으로 이루어지는 점은 같습니다. 또한 거꾸로 수업 방법을 수업 방법 2와 비교해 보면 원리 학습이 교사 주도로 이루어지는 점은 다르지만, 원리 학습이 가정에서 선행 학습으로 이루어지는 점, 그리고 적용 학습이 학생 주도로 이루어지는 점은 같습니다.
　이렇게 수업 방법을 부분으로 나누어 놓으면 각각의 공통점과 차이점을 찾기 쉬울 뿐만 아니라 각 부분을 수정하거나 옮기는 일도 가능해집니다. 가령 거꾸로 수업 방법에서 원리 학습을 구성할 때, 교사의 설명을 동영상 대신 간단한 글과 그림으로 바꾸어 제시할 수 있습니다. 그리고 학생이 알아야 할 수업 내용을 학생 스스로 찾아보는 조사 학습을 넣거나, 교사가 직접 가르치는 것으로 변경할 수 있습니다. 적용 학습을 구성할 때에는 학생 주도의 게임 활동 대신 교사의 안내에 따른 연습 활동을 넣어 볼 수도 있습니다. 이렇게 수업 방법을 부분으로 나누어 상황에 맞게 바꾸다 보면 새로운 조합의 수업 방법이 자연스럽게 만들어집니다.

부분별로 선택해서 활용하기

특정 수업 방법을 자신의 수업에 적용할 때에는 첫째, 수업 방법을 부분으로 잘라서 살펴봅니다. 즉 수업 방법을 원리 학습이나 적용 학습, 활동, 수업 자료나 도구, 수업 장소 등 부분으로 나누어야 합니다. 이렇게 부분으로 나누어 분석해야 수업에 효율적으로 적용할 수 있습니다.

둘째, 기존의 수업 방법과 무엇이 같고 무엇이 다른지 비교해 봅니다. 수업 방법을 부분으로 나누어 보면, 어디까지가 새롭고 어디까지가 기존의 것과 같은지 찾아낼 수 있습니다. 기존 수업 방법과의 공통점을 찾게 되면 새로운 수업 방법이 특별하지 않다는 것을 알게 될 것입니다. 기존 수업 방법과 차이가 있는 부분은 그 특징을 분석하여 기존 수업에 적용할 만한 것인지 살펴봅니다.

셋째, 수업 방법의 적용 정도를 결정합니다. 어떤 수업 방법이든 내 수업에 적용할 때 전부를 그대로 따라 할 필요는 없습니다. 효과적인 수업 목표 도달을 위해서 기존의 수업 방법을 그대로 쓸 수도 있고, 부분별로 수정할 수도 있으며, 여러 수업 방법의 장점만을 골라 새로운 형태의 수업 방법을 만들어 낼 수도 있습니다.

수업 방법을 부분으로 나누어 분석하는 것은 다양한 수업을 만들 수 있는 여러 가지 블록을 만드는 것과 같습니다. 몇 가지 블록을 선택하여 새로운 조합의 결과물을 만들어 내듯이 수업 방법의 부분 부분을 선택하고 조합하면 다양한 형태의 수업을 만들어 낼 수 있습니다.

다른 듯 같은, 같은 듯 다른

• 수업 활동의 구성 •

수업 목표 생일을 축하하는 표현과 그에 따른 감사 표현을 말할 수 있다.

| 활동 1 | 문장 듣기 | 영어 표현 확인 |
교사가 들려주는 ①, ②, ③ 문장 듣기

| 활동 2 | 챈트 따라 하기 | 영어 표현 연습 |
생일 축하 표현과 감사 표현이 사용된 챈트 따라 하기

| 활동 3 | 역할극하기 | 영어 표현 적용 |
생일 축하 표현과 감사 표현을 사용하여 생일 파티 역할극하기

 정 선생님은 영어과 수업에서 생일 축하 표현과 그에 따른 감사 표현을 가르치기 위한 수업 활동을 준비했습니다. 정 선생님 학급은 영어 표현을 많이 연습해야 해서 활동 2를 반복했습니다. 하지만 같은 활동을 반복하다 보니 학생들이 지루해했습니다. 이 경우 어떤 활동을 더 추가해야 할지 잘 모르겠습니다.

수업 중 전개되는 활동은 수업 목표나 수업 내용과 밀접한 관계가 있습니다. 따라서 수업 목표가 바뀌거나 수업 내용이 달라지면 수업 활동도 그에 따라 달라집니다. 반면 수업 목표나 수업 내용의 핵심이 동일하다면, 활동 역시 동일한 활동을 반복할 때가 많습니다. 그런데 이런 때에도 활동을 다양하게 구성할 방법은 없을까요? 이 질문에 대한 답을 찾는 과정을 살펴보면 정 선생님의 것과 같은 고민을 해결할 수 있습니다.

수업 활동의 구성 방법

- **활동의 반복**

활동의 반복이란 하나의 목표 달성을 위해 비슷한 활동을 두 번 이상 하는 것을 의미합니다. 다음의 두 활동은 모두 "생일을 축하하는 표현과 그에 따른 감사 표현을 말할 수 있다."라는 동일한 목표를 달성하기 위한 활동입니다. 두 활동은 짝과 문장을 주고받으며 연습하기와 챈트로 연습하기로 활동 양상은 다르지만, 학생들이 목표 문장을 능숙하게 말하도록 이끈다는 점에서 유사합니다.

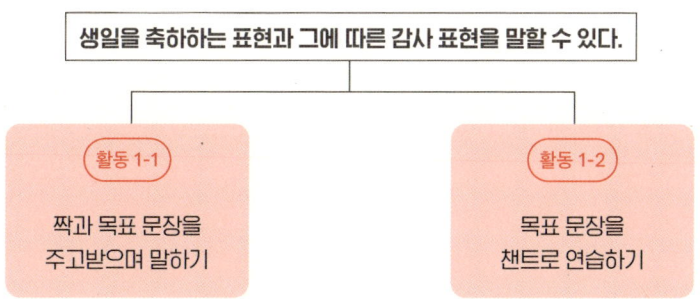

여기에 활동의 표현 방식을 바꾸거나 게임 요소를 넣어 다음과 같이 유사한 활동들을 만들어 낼 수 있습니다.

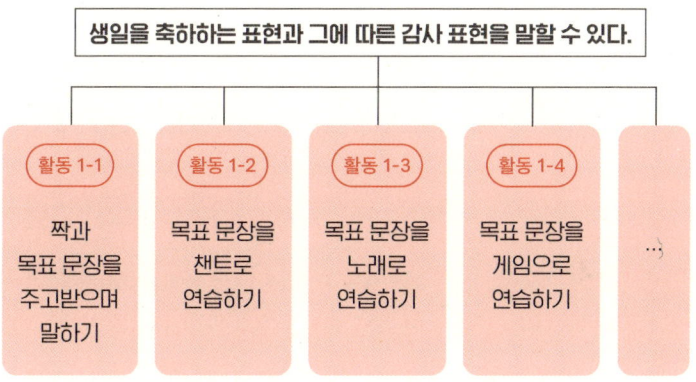

위에서 제시한 활동들은 달성하고자 하는 수업 목표가 같고 목표 문장을 소리 내어 연습한다는 측면에서 큰 차이가 없습니다. 그러나 짝과 주고받으며 말하기, 챈트, 노래, 게임으로 연습하기 등 구체적인 활동 양상은 다릅니다. 이렇게 다른 양상으로 수업 활동을 구성하는 이유는 무엇일까요? 활동 양상에 변화를 주면 학생들이 지루하지 않게 수업 내용을 반복할 수 있기 때문입니다. 또한 반복 활동으로 수업 시간에 배운 지식을 복습하고 능숙하게 익힐 수 있습니다.

- **활동의 심화**

활동의 심화는 수업 목표의 수준을 세분화하여 각 활동을 계단식으로 나열한 것입니다. 핵심 목표는 그대로 두고, 개인차를 고려하여 활동의 난도를 높이는 형태로 활동에 변화를 줍니다.

받아 올림이 있는 '한 자리 수+한 자리 수'의 문장제를 해결할 수 있다.

(심화 활동) 문장제 해결하기
나무에 새가 2마리 있어요. 새가 9마리 더 날아왔어요. 나무에 있는 새는 모두 몇 마리인가요?

받아 올림이 있는 '한 자리 수+한 자리 수'의 덧셈을 할 수 있다.

(기본 활동) 덧셈식 계산하기
2+9=   8+9=

제시된 두 활동 모두 받아 올림이 있는 한 자리 수의 덧셈 방법을 알면 해결할 수 있습니다. 하지만 계산식을 보고 덧셈을 하는 기본 활동과 문장제를 보고 덧셈을 하는 심화 활동은 목표의 세부 난도가 다릅니다. 이렇게 난도가 서로 다른 수업 활동은 개별화 수업이나 수준별 수업을 계획할 때 사용할 수 있습니다. 기본 수준의 학생에게는 기본 활동과 유사한 활동을 반복해서 제공해 주고, 기본 활동으로 연습이 충분히 된 학생에게는 심화 활동을 제공하여 심화 및 발전 학습을 하도록 합니다.

다른 예를 들면, 체육의 뜀틀 넘기 수업에서는 뜀틀 넘는 방법을 배운 후 2단이나 3단 뜀틀 넘기 활동을 합니다. 그리고 2, 3단 뜀틀 넘기에 익숙해진 학생들은 4단이나 5단 뜀틀 넘기 활동을 합니다. 뜀틀을 넘는 방법은 뜀틀의 높이와 상관없이 동일하지만, 낮은 높이부터 차례대로 높여 가며 5단 뜀틀을 넘을 수 있도록 수업 활동을 계단식으로 배열함으로써 활동에 변화를 줄 수 있습니다.

선택 가능한 활동 설계

교과서나 지도서는 수업 목표에 도달하는 길을 고정적으로 제시할 때가 많습니다. 즉 수업 활동에 대한 선택지가 거의 없습니다. 하지만 수업 목표에 도달하는 길은 여러 갈래로 이루어져 있어야 학급 상황에 맞는 다양한 활동과 수업이 가능합니다.

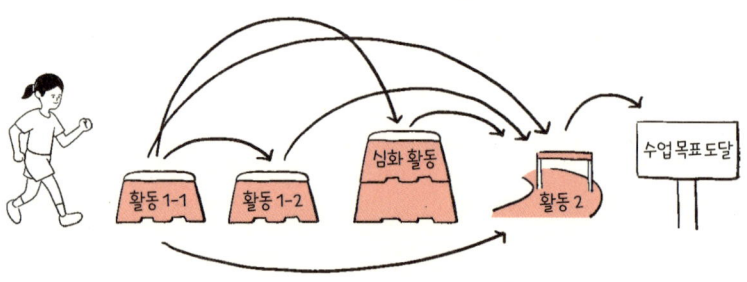

위 그림처럼 어떤 수업에서 활동 1-1, 1-2와 같은 유사한 반복 활동과 심화 활동이 마련되어 있을 때, 교사는 학생의 수준이나 물리적 시간 등 수업 상황에 따라 필요한 활동을 선택하고 조합하여 수업을 운영할 수 있습니다. 반복 활동 없이 활동 1-1만 하고 바로 활동 2로 넘어가는 수업을 할 수도 있고, 반복 활동으로 활동 1-2를 한 후, 심화 활동을 하고 활동

2를 할 수도 있습니다. 또는 새로운 반복 활동인 활동 1-3을 추가할 수도 있습니다. 이 외에도 다른 여러 조합을 만들어 수업을 다양하게 구성할 수 있습니다.

목적지가 동일하더라도 상황에 따라 이용하는 교통수단을 바꿀 수 있습니다. 버스 한 대로 목적지까지 갈 수도 있고, 차가 막힌다면 중간에 지하철로 갈아탈 수도 있습니다. 또 짐이 많거나 늦은 밤일 때에는 택시를 이용할 수도 있습니다. 수업 활동을 선택하고 배열하는 것도 이와 유사합니다. 수업 목표나 핵심 내용이 동일하더라도, 학생의 수준과 상황에 맞게 반복 활동이나 심화 활동을 선택하여 다양한 갈래로 수업을 하는 것이 좋습니다.

활동 고민 상담소

고민 1

수업 활동이란 무엇인가요?

Q. '수업 활동'의 정확한 의미와 범위가 궁금합니다.

A. '수업 활동'은 '학생'이 '무엇을 하는 것'과 관련이 있습니다. 그래서 보통 수업 활동이라고 하면 발표하기, 토의하기, 노래 부르기, 실험하기 등을 떠올립니다. 그런데 학생이 하고 있는 무언가는 겉으로 드러나기도 하고, 드러나지 않기도 합니다. '영어로 노래하며 율동하기'처럼 활발한 신체적 움직임이 동반되는 활동은 학생이 무엇을 하는지가 겉으로 분명히 드러납니다. 반면 '영어 표현 듣기'처럼 학생이 무엇을 하는지 겉으로 잘 드러나지 않는 활동도 있습니다. 그러나 이때에도 학생의 활동에 비해 교사의 활동이 더 부각되어 보이는 것일 뿐, 분명 학생도 영어 표현을 듣고 이해하는 정신적 활동을 하고 있습니다. 정리하면 수업 활동이란 학생이 수업 목표에 도달하기 위해 하는 행동을 의미합니다. 그때의 행동은 신체적, 정신적 행동을 모두 포함합니다.

고민 2

반복 활동은 어떻게 구성해야 하나요?

Q. 수업 내용을 이해하거나 숙달하는 데 도움을 주기 위해 반복 활동을 구성하고 싶은데 방법을 잘 모르겠습니다.

A. 수업 자료나 학생 집단의 크기를 다르게 하면 유사한 반복 활동을 쉽게 만들 수 있습니다. 우선 수업 자료의 매체를 달리하여 반복 활동을 구성할 수 있습니다. 유사한 내용일지라도 매체가 다른 수업 자료를 사용하면 학생들 입장에서 지루하지 않게 반복하여 학습할 수 있습니다. 주로 책이나 신문, 사진과 같은 인쇄 매체와 영화, 인터넷과 같은 전자 매체를 활용합니다. 예를 들어 개구리의 한살이를 배우는 과학 수업을 할 때, 개구리 한살이 관련 동화책 읽기 활동을 하고 이어서 다큐멘터리 영상을 시청할 수 있습니다.

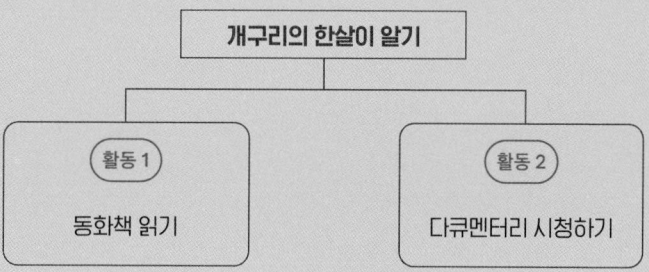

다음으로 수업 자료의 길이와 내용을 다르게 하여 반복 활동을 구성할 수 있습니다. 국어과 수업에서 인지적 부담이 적은 짧은 언어 자료로 먼저 학습을 하고, 점차 긴 언어 자료로 옮겨 가면서 반복 학습이 이루어지도록 활동을 구성하는 것이 이에 해당합니다. 언어 자료의 내용도 인지적 부담이 적은, 이미 알고 있는 내용에서 시작해서 점차 생소한 내용으로 확장해 나가는 식으로 변화를 줄 수 있습니다. 예를 들어 글의 중심 내용 찾기를 할 때, 길이가 짧거나 이미 알고 있는 언어 자료에서 중심 내용을 찾는 활동과, 길이가 길거나 처음 읽는 내용의 언어 자료에서 중심 내용을 찾는 활동을 순차적으로 배열할 수 있습니다.

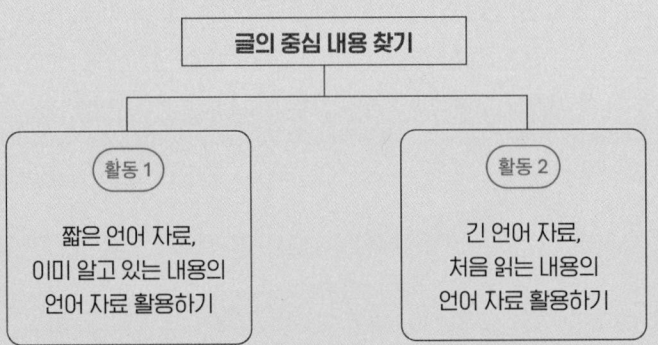

마지막으로 활동 집단의 크기를 다르게 하여 활동을 구성할 수 있습니다. 활동 구성원은 먼저 개인과 집단으로 나눌 수 있고, 집단은 다시 짝, 모둠, 학급 전체로 나눌 수 있습니다. 집단의 크기를 바꾸는 것은 가장 쉽게 변화를 주면서 반복 활동을 구성하는 방법입니다. 예를 들어 국어 수업에서 소리 내어 읽기를 할 때, 집단의 크기에 변화를 주어 학생 혼자 읽기, 짝과 번갈아 가며 읽기, 모둠별로 읽기, 학급 전체가 함께 읽기 등의 반복 활동을 할 수 있습니다. 또 다른 예로 다양한 자연환경에 사는 식물의 특성을 알아보는 수업을 할 때, 먼저 학생 각자 산, 물, 사막에 살고 있는 식물을 한 가지씩 조사하는 활동을 합니다. 그리고 그 활동을 기반으로 모둠별로 모여 다양한 자연환경의 식물 사전 만들기 활동을 할 수 있습니다.

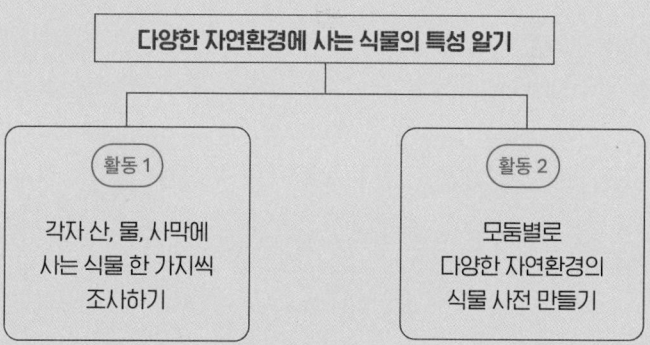

언제든지, 얼마든지

• 수업의 절차 1 •

강 선생님은 "분업의 필요성과 장점을 알 수 있다."가 목표인 수업을 참관했습니다. 학생들은 제한 시간 안에 색종이 꽃을 더 많이 만드는 모둠이 이기는 게임을 했습니다. 게임이 끝난 후에는 그리기, 오리기, 붙이기 등 역할을 나누어 꽃을 만든 모둠과 구성원 각자 꽃을 만들어 합한 모둠의 결과를 비교했습니다. 그리고 분업을 한 모둠이 꽃을 더 많이 만든 것을 확인하며 수업 목표를 이해했습니다. 만약 수업 목표를 초반에 제시했다면 각자 꽃을 만드는 모둠은 생기지 않았을 것입니다. 또한 그에 따라 비교 대상이 없어서 분업의 필요성과 장점을 체감하기도 어려웠을 것입니다. 하지만 강 선생님은 수업 목표를 마지막에 제시한 수업이 왠지 어색했습니다.

일반적으로 선생님들은 수업의 순서에 따라 수행해야 하는 활동이 정해져 있다고 생각합니다. 그래서 수업 초반에는 동기를 유발하거나 수업 목표를 제시하고, 수업의 마지막에 정리나 평가를 하는 때가 많습니다. 강 선생님이 참관 수업을 보고 어색함을 느낀 것도 이러한 고정 관념 때문입니다. 이러한 고정 관념에서 벗어나려면 동기 유발, 수업 목표 제시 등의 수업 활동이 수업에서 어떠한 역할을 하는지 살펴볼 필요가 있습니다.

수업 활동의 역할에 집중하기

동기 유발 활동은 학생이 능동적인 태도로 학습할 수 있게 합니다. 그렇기 때문에 교사는 학생이 수업 목표나 내용에 관심을 갖도록 주로 수업의 처음 부분에 동기 유발 활동을 배치합니다. 하지만 학생의 관심과 흥미를 끌어야 하는 상황이라면 수업의 언제 어느 때라도 동기 유발 활동을 진행하는 것이 좋습니다.

수업 목표 제시 활동은 수업으로 도달해야 하는 상태를 알려 주어 학생의 수업 목표 도달 가능성을 높여 줍니다. 그렇기 때문에 수업 목표 제시 활동은 수업 목표를 분명하게 인식해야 하는 시점에 제시하는 것이 효과적입니다. 대부분 수업의 앞부분에 수업 목표를 제시하여 학생이 수업에서 중점을 두고 나아가야 할 방향을 알려 주는 경우가 많습니다. 하지만 강 선생님이 참관한 수업처럼 학생들이 무엇을 배우는지 모르는 상태에서 게임에 몰두하는 것이 수업 목표 도달에 효과적이라면 수업 목표를 수업의 중간이나 끝 부분에 제시할 수도 있습니다.

정리 활동은 학생이 수업 내용을 잘 이해했는지 확인하고 구조화하여 기억할 수 있도록 해 줍니다. 일반적으로 정리 활동은 수업의 마지막 부분에 해야 한다고 생각하지만, 다음 활동으로 넘어가기 전에 이전 활동을 정리하는 것이 도움이 된다면 수업 중간에라도 얼마든지 정리 활동을 할 수 있습니다.

수업에서 활동 순서는 고정되어 있는 것이 아니라 언제든지 바뀔 수 있습니다. 기존의 정형화된 활동 순서는 많은 사람에게 익숙한 것일 뿐, 반드시 지켜야 하는 것이 아닙니다. 수업을 설계할 때, 정형화된 활동 순서를 따르기보다 각 활동의 역할이 무엇인지 파악하여 수업에서 그 활동이 가장 필요한 곳에 배치하는 것이 좋습니다.

역할에 따라 수업 활동 배치하기

수업의 어느 때라도 어떤 활동이든 배치할 수 있고, 나아가 수업 중 활동이 필요한 상황이라면 얼마든지 그 횟수도 늘릴 수 있습니다. "저출산·고령화가 우리 사회에 주는 영향을 알 수 있다."라는 수업 목표의 사회 수업을 생각해 봅시다.

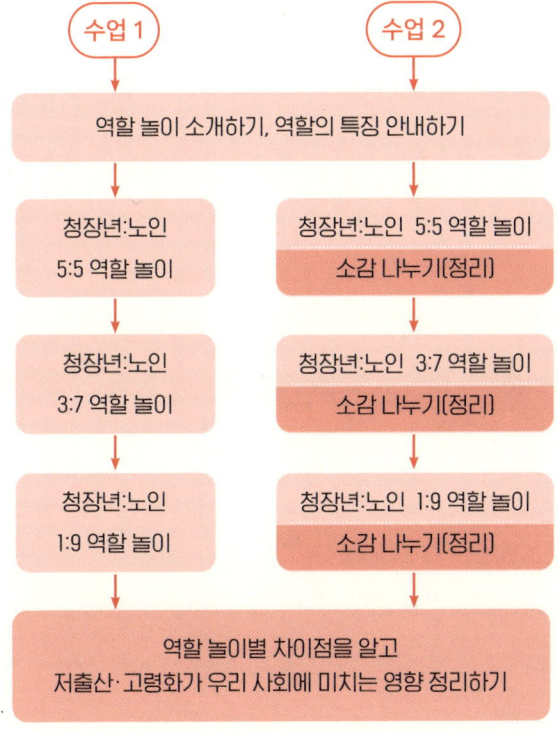

수업 1과 수업 2는 학생들이 점점 심각해지는 저출산·고령화 문제를 역할극으로 체험하는 것을 주요 활동으로 삼고 있습니다. 수업 1은 세 번의 역할 놀이를 연달아 한 후, 마지막에 여러 역할 놀이에 대한 소감을 나누고, 저출산과 고령화가 사회에 미치는 영향을 정리하며 수업을 마무리합니다. 반면 수업 2는 다양한 조건에 따른 역할 놀이를 하면서 역할 놀이가 끝날 때마다 정리 활동을 하고, 수업을 마무리하는 단계에서 최종적으로 다시 한번 수업 내용을 정리합니다.

수업 1은 역할 놀이의 진행을 깨지 않아 학생들이 역할 놀이에 몰입할 수 있다는 장점이 있습니다. 수업 2는 역할 놀이가 끝날 때마다 역할 놀이에서 알 수 있는 사실을 바로바로 짚어 줄 수 있다는 장점이 있습니다. 교사는 각 수업의 장점과 학생들의 성향 및 능력 등을 고려하여, 정리 활동을 구성할 때 수업 1과 수업 2의 방식 중 더 적합한 것을 선택하면 됩니다.

어떤 수업이든 처음, 중간, 끝이라는 전체적인 수업 시간의 흐름을 따릅니다. 마치 모든 영화에 시작과 끝이 있는 것처럼 말입니다. 그런데 어떤 영화는 시간 순서대로 장면을 배열하고, 어떤 영화는 사건의 마지막 장면을 초반에 먼저 보여 주어서 전체 내용을 더 궁금하게 만들기도 합니다. 영화의 흐름에 필요한 장면들을 어떤 순서로 배치할지, 얼마만큼 넣을지 고민하고 결정하는 영화감독처럼, 교사도 수업의 전체적인 흐름에 필요한 활동들을 고르고 자유롭게 배치하며 수업을 설계해야 합니다.

동기를 유발하기만 한다면야

• 수업의 절차 2 •

　이 선생님은 동기 유발을 위해 수업의 도입 부분에 항상 학생들의 시선을 끌 만한 것을 보여 주려고 노력합니다. 이번 수업에도 동기 유발용 짧은 예능 프로그램 영상을 보여 주었습니다. 학생들은 그 영상에 큰 관심을 보이며 영상에 대한 이야기를 계속 이어 가려고 했습니다. 본격적으로 수업을 하려고 해도 이미 들뜬 분위기는 쉽게 가라앉지 않았습니다. 결국 동기 유발 활동으로 시간을 지체하는 바람에 준비한 수업 활동을 다하지 못했습니다. 이 선생님은 다양한 활동으로 수업 내내 학생들의 수업 집중도를 높일 만한 수업을 계획했습니다. 그렇다면 굳이 수업을 시작할 때 동기 유발 활동을 따로 할 필요는 없었던 것 아닌가 하는 생각이 들었습니다.

수업을 준비할 때 어떤 동기 유발 활동으로 수업을 시작해야 할지 고민했던 경험이 한 번씩은 있을 것입니다. 많은 선생님이 동기 유발 활동은 꼭 있어야 하고, 또 수업 시작 부분에서 이루어져야 한다고 생각합니다. 그러나 이러한 생각이 반드시 맞는 것인지 생각해 볼 필요가 있습니다. 동기 유발은 왜 하는 것이고, 또 언제 어떻게 해야 하는 것일까요?

동기 유발의 효과

동기 유발은 학생들의 흥미를 높여서 효과적으로 수업 목표를 달성할 수 있도록 만들어 줍니다. 그렇다면 다음의 행위들도 동기 유발의 효과를 낳는다고 할 수 있을까요?

사례 1 수업을 시작할 때 학생이 좋아할 만한 이야기를 들려주어 주의를 집중시킨 뒤 수업 목표와 연결시키기
사례 2 수업 중 열심히 과제를 수행하는 학생에게 "너 정말 잘한다!"라고 말하며 칭찬하기
사례 3 수업을 끝마칠 때 다음 시간에 배울 내용과 관련이 있는 영상 보여 주기

제시된 사례들에서 학생은 주의 환기나 긍정 자극으로 수업에 더욱 집중하게 되고, 그에 따라 수업 목표에 도달할 가능성도 높아집니다. 그러므로 이야기 들려주기, 칭찬하기, 영상 보여 주기 등의 행위 모두 동기 유발의 효과를 낳는다고 볼 수 있습니다.

동기 유발의 대상, 시기, 횟수

수업 목표 도달에 영향을 주는 모든 것이 학생들의 동기를 불러일으킬 수 있기 때문에 동기 유발의 대상에는 제한이 없습니다. 만일 수업 목표가 "우리 고장 사람들의 생활 모습을 알 수 있다."인 수업에서 학생들이 살고 있는 고장의 사진을 제시한다면 '수업 내용'을 대상으로 동기를 유발한 셈입니다. 또 수업 중에 학생들이 스마트 기기를 활용하여 온라인 댓글을 다는 방식으로 수업에 집중하게 만들었다면 '수업 방법'으로 동기 유발을 한 것입니다. 이처럼 수업을 구성하는 요소라면 무엇이든 동기 유발의 대상이 될 수 있습니다.

동기 유발의 시기에도 제한이 없습니다. 수업의 처음, 중간, 끝 언제라도 가능합니다. 수업 내용이 익숙하지 않고 새로운 경우에는 수업의 처음에 동기 유발 활동을 하는 것이 좋습니다. 학생들이 수업 중에 지루해한다면 그 순간도 역시 동기를 유발해야 할 때입니다. 수업의 마지막 시점에도 동기 유발이 필요할 수 있습니다. 만약 수업 시간 안에 수업 목표에 도달하지 못했다면 동기 유발로 지속적인 관심을 갖게 만듦으로써 수업이 끝난 후에라도 수업 목표에 도달하게 할 수 있기 때문입니다.

동기 유발의 횟수에도 제한이 없습니다. 즉 한 수업에서 여러 번의 동기 유발이 이루어질 수 있습니다. 수업을 시작할 때 동기 유발 활동을 하고, 수업이 끝날 때 또다시 해도 좋습니다. 만일 학생들의 동기가 이미 충분하여 수업 목표에 도달하기 적절한 상태라면 동기 유발을 생략해도 괜찮습니다.

동기 유발의 방법

동기 유발은 크게 직접 동기 유발과 간접 동기 유발로 나눌 수 있습니다. 직접 동기 유발은 학생이 수업 목표와 내용 자체에 관심과 흥미를 느끼도록 자극하는 것입니다. 예를 들어 탈피한 매미를 보여 주면서 곤충의 한살이에 호기심을 느끼게 할 수 있습니다. 하지만 수업 목표의 특성이나 학생의 배경지식 등 다양한 이유로 직접 동기 유발을 하는 것이 쉽지 않은 경우가 많습니다. 이럴 때에는 수업 목표 외의 다른 수업 요소들로 동기를 자극하는 간접 동기 유발을 사용합니다. 재미있는 활동 구성, 다양한 매체를 활용한 자료 제작, 도전 의욕을 자극하는 과제 제시 등이 이에 속합니다. 가령 수학 문제를 풀 때마다 한 칸씩 이동하는 말판 놀이를 하는 경우 수학 문제를 푸는 것 자체에는 흥미가 없더라도 말판 놀이를 하기 위해 수학 문제를 해결하는 것이 이에 해당합니다.

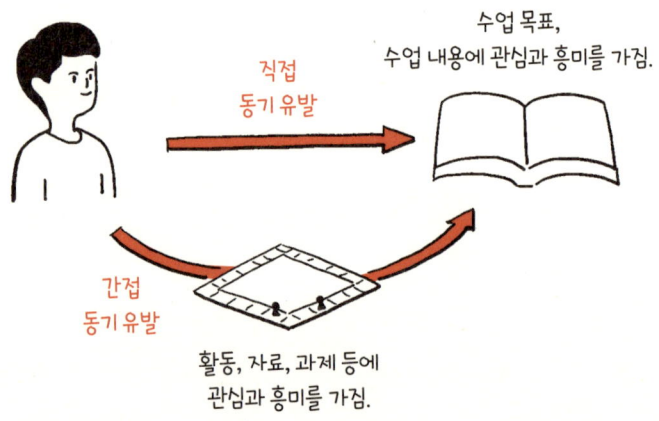

수업의 궁극적인 목적은 수업 목표에 도달하는 것이므로 직접 동기 유발이 가장 효과적입니다. 그러나 실제 현장에서

는 직접 동기 유발이 어려운 때가 많습니다. 반면 간접 동기 유발은 다양한 형태로 쉽게 적용할 수 있는 장점이 있어 실제 수업에서는 간접 동기 유발이 많이 활용됩니다. 단 간접 동기 유발을 할 때에는 학생이 간접 동기 유발 자료에 흥미를 느끼는 것에서 끝나지 않고 그 흥미가 수업 목표나 수업 내용으로까지 연결되게 해야 합니다. 예를 들어 '시간의 흐름에 따라 간추리기' 수업을 하기 위해 학생이 좋아하는 만화 영화를 보여 준다면 학생은 만화 영화의 인물이나 사건 등에 흥미를 가지고 집중할 것입니다. 이때 교사는 주인공이 시간의 흐름에 따라 무슨 일을 했는지 질문을 하여 학생의 관심을 수업 목표로 이끌어 가야 합니다. 그렇게 할 때, 학생의 관심이 간접 동기 유발 자료에 머무르지 않고 수업 목표에 연결될 수 있습니다.

동기 유발의 역할

아이들이 책을 좋아하도록 하는 방법은 크게 두 가지가 있습니다. 책 속의 내용이나 그림에 관하여 직접 이야기하는 방법과, 책 쌓기나 책 터널 만들기 등 책 읽기와는 상관이 없지만 책을 이용한 재미있는 놀이를 하는 것입니다. 두 가지 모두 아이들이 책에 관심을 가지게 하는 방법입니다. 만일 책 쌓기나 책 터널 만들기를 하면서 재미있게 놀다가, "저 터널에 그림이 있네. 어떤 그림인지 볼까?"라고 하면 아이는 자연스럽게 책을 펴고 책의 내용에 몰입할 것입니다. 수업도 마찬가지입니다. 학생이 수업 목표나 내용에 관하여 직접 관심을 갖는 것도 좋고, 수업 목표와 연결만 제대로 된다면 수업 활동, 자료, 과제 등에 관심을 갖는 것도 좋습니다. 두 가지 모두 학생의 흥미를 높여 효과적으로 수업 목표를 달성할 수 있도록 만들어 줍니다.

동기 유발은 학생이 수업 목표에 계속해서 잘 도달하는 선순환의 첫 단추가 될지도 모릅니다. 수업의 어떤 부분에 생긴 흥미로 수업 목표에 더 잘 도달하고, 수업 목표에 도달한 성과가 또 하나의 동기가 되어 다른 수업에 적극적으로 참여할 수 있게 만드는 것입니다. 이렇게 수업 목표에 잘 도달할 수 있게 하는 선순환을 만드는 것, 바로 이것이 동기 유발의 숨은 역할 아닐까요?

슬기롭게 사용하려면

· 수업 자료와 도구 ·

도 선생님은 학생들의 호기심을 끌려면 평소 접해 보지 않은 수업 자료나 도구를 활용하는 것이 좋다고 생각했습니다. 그래서 감각적 표현을 배우는 국어 수업을 위해 아주 생소한 물건을 준비했습니다. 학생들로 하여금 그 물건의 감촉을 '말랑말랑', '거칠거칠' 등의 표현을 사용하여 말해 보게 함으로써 감각적 표현을 익히게 할 계획이었습니다. 하지만 학생들은 물건의 감촉을 표현하는 것보다 물건의 생김새나 사용법에 더 큰 관심을 보였습니다. 도 선생님은 교실에 있는 물건을 활용하거나, 학생들이 잘 알고 있는 물건을 머릿속에 떠올리게 하며 수업을 하는 편이 더 나았겠다는 생각이 들었습니다.

도 선생님처럼 수업 자료와 도구를 활용할 때 시행착오를 겪거나 힘들었던 경험이 있을 것입니다. 수업을 할 때마다 특별한 수업 자료나 도구를 활용하는 것이 좋을까요? 특별한 수업 자료나 도구가 없으면 학생의 흥미가 떨어질까요?

새로운 자료나 도구의 사용

수업에서 사용할 수 있는 자료나 도구는 매우 다양합니다. 그중에서 학생이 평소 많이 접해 보지 않은 실험 도구, 게임 도구, 언어 자료 등은 학생의 이목을 집중시키는 장점이 있습니다. 교사는 새로운 자료나 도구에 대한 학생의 관심이 수업 내용에 대한 주의 집중으로 연결되기를 바랍니다. 하지만 그렇게 연결되기까지 시간이 오래 걸리기도 하고 심지어 학생이 새로운 자료에만 집중하여 수업이 제대로 진행되지 않기도 합니다.

만약 도 선생님이 학생들이 표현할 대상을 교실에서 쉽게 볼 수 있는 물건으로 골랐다면 어땠을까요? 수업 자료로서의 매력은 떨어질 수 있겠지만 학생들이 잘 알고 있는 자료이기에 물건을 만졌을 때의 감촉을 이야기하는 활동에 더 집중했을 것입니다.

그렇다면 새로운 자료나 도구를 쓸지, 아니면 친숙한 자료나 도구를 쓸지는 어떤 기준으로 선택해야 할까요?

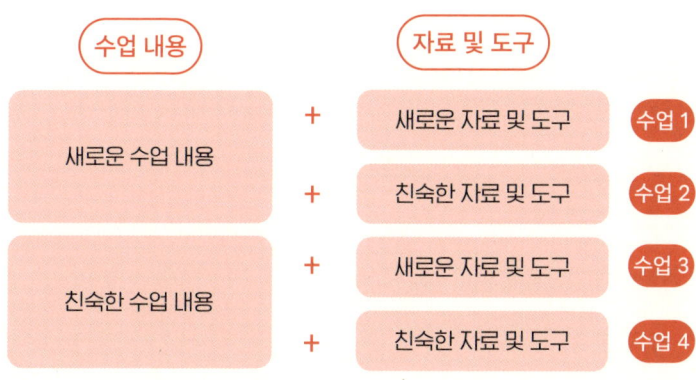

수업 1은 수업 내용과 수업 자료 및 도구가 모두 새로운 상황입니다. 새로운 수업 자료나 도구는 학생이 그것을 탐색하고 익숙하게 활용하도록 하는 데에 시간이 걸립니다. 이때 수업 내용까지 새로우면 학생이 배우고 알아야 할 것이 많아져 수업 목표 도달에 어려움이 생길 수 있습니다. 예를 들어 글에 제목을 붙이는 방법을 배울 때 처음 읽는 언어 자료를 활용하면 학습의 효율이 떨어집니다. 학생은 '언어 자료의 내용'과 '글에 제목을 붙이는 방법' 두 가지를 모두 새롭게 알아야 하기 때문입니다. 새로움이 주는 효과가 있을 수 있지만 학생은 새로운 언어 자료의 내용도 이해해야 하고, 제목을 붙이는 방법도 학습해야 하기 때문에 학습 부담이 높아집니다.

수업 2는 새로운 수업 내용을 친숙한 자료나 도구로 가르치는 상황입니다. 학생에게 익숙한 자료나 도구는 매력도가 떨어져 주의 집중 효과를 낮출 수 있습니다. 반면 자료나 도구에 대한 탐색 시간이 절약됩니다. 따라서 수업에 바로 활용하기 쉽고, 새로운 수업 내용 자체에 더 집중할 수 있도록 해 줍니다. 예를 들면 글에 제목을 붙이는 방법을 배울 때 학생들 대부분이 알고 있는「흥부와 놀부」같은 전래 동화 언어 자료를 활용하면 내용 이해에 시간을 들이지 않고 바로 글에 제목을 붙이는 여러 가지 방법에 집중할 수 있습니다.

수업 3은 잘 알고 있는 친숙한 수업 내용을 새로운 자료나 도구로 가르치는 상황입니다. 새로운 수업 자료를 제시하면 수업 내용으로 연결되기까지 시간이 오래 걸릴 수 있지만, 수업 내용을 어느 정도 알고 있으면 자료와 도구의 탐색에 시간을 할애할 여유가 생깁니다. 만약 학생들이 글에 제목을 붙이는 방법을 이미 배워서 어느 정도 알고 있다면 학생들에게 처음 읽어 보는 언어 자료를 제시해 줄 수 있습니다. 새로운 언어 자료를 읽고 이해하는 데에 시간이 걸려도 제목 붙이기를 연습하고 적용하는 데에서 시간적 여유를 확보할 수 있기 때문입니다. 또한 새로운 읽기 자료 덕분에 제목 붙이기 적용 활동이 지루하지 않게 느껴지는 효과도 얻을 수 있습니다.

수업 4는 수업 내용과 수업 자료 및 도구가 모두 친숙한 경우입니다. 이는 학생이 학습을 쉽게 느끼게 해 주지만, 학생의 관심을 불러일으키고 유지하는 것은 어려울 수 있습니다. 예를 들면 글에 제목을 붙이는 방법을 학습한 후 잘 알고 있는 언어 자료로 제목 붙이기를 연습하거나 확인하는 수업은 학생들이 수업을 쉽게 받아들이게 합니다. 하지만 새로움이 없어서 수업 주목도나 매력도는 떨어질 수 있습니다.

이렇게 수업 내용과 수업 자료의 새롭고 친숙한 정도에 따라 수업의 특징이 달라집니다. 이러한 점을 고려하여 수업을 구성할 때, 효율적으로 수업을 운영할 수 있습니다.

자료와 도구가 없는 수업

수업 목표 달성을 위해서 반드시 필요한 자료와 도구가 있습니다. 리코더 연주 수업의 리코더, 각과 각도 수업의 각도기, 사전 찾기 수업의 국어사전이 그것입니다. 반면 자료나 도구가 특별히 필요 없는 수업도 있습니다. 특별한 자료를 만들거나 도구를 활용하지 않아도 수업 목표를 달성할 수 있다면 맨손 수업이더라도 문제가 되지 않습니다.

> **수업 목표**
>
> 자연에서 얻은 도구를 사용하던 옛날의 생활 모습을 알 수 있다.
>
> **교사** (칠판에 얼굴 하나를 그리며) 이 아이는 누굴까? 우리 반 규현이. 규현이는 선사 시대에 살고 있는 너희들 조상이야.
> **학생들** 하하하.
> **교사** 규현이가 실컷 자고 일어나서 제일 먼저 뭘 할까?
> **경선** 밥을 먹어요.
> **교사** 그래? 먹을 게 어디 있는데?
> **규현** 나가서 구해야 해요.
> **교사** 그럼 슬슬 먹을 것을 찾으러 나가 볼까? 먹을 것을 어떻게 찾지?
> **찬숙** 사냥해요.
> **민재** 열매를 따 와요.
> **교사** 먼저 사냥하러 가 볼까? 사냥을 하려면 뭐가 필요할까?
> **찬숙** 사냥 도구요.
> **교사** 짠! (주먹도끼 모양을 칠판에 그리며) 이게 뭐지?
> **재원** 돌? 돌로 만든 도끼 같아요.
> **교사** 맞아. 돌을 깨서 이렇게 뾰족하게 만들었어. 주먹 도끼라고 하지. 자 이제 사냥을 해 볼까? 혼자서?
> **규현** 아니요, 친구들을 불러요.
> **교사** 그렇지! 동네 친구들을 다 불러 모으자. 승재랑, 수찬이도 데려오자. 그런데 왜 그래야 하지?
> **가빈** 혼자 하기 힘들어서요.

이 수업에서는 별다른 자료나 도구를 활용하지 않았습니다. 교사는 특정 학생을 그 시대의 주인공으로 설정하여, 학생들이 그 시대의 생활상을 쉽게 이해할 수 있도록 했습니다. 이처럼 특별한 수업 자료나 도구가 없어도 학생들은 수업에 집중할 수 있고, 수업 내용을 잘 이해할 수 있습니다. 따라서 수업 자료를 만들거나 도구를 활용하는 것에 지나치게 부담을 느끼지 않아도 됩니다. 무조건 자료와 도구를 준비하려고 하기보다는 수업 목표 달성에 자료나 도구가 필요한 것인지부터 생각해 보아야 합니다. 수업 자료나 도구를 활용하지 않은 맨손 수업도 학생의 수업 목표 도달에 문제가 없다면 괜찮습니다.

자료나 도구가 좋은 수업의 필수적 요소는 아닙니다. 맨손 수업도 수업 목표에 멋지게 도달하는 수업이 될 수 있습니다. 수업 자료나 도구를 활용하고 싶다면, 수업 내용의 친숙함 정도에 따라 익숙한 자료를 제공할지 새로운 자료를 제공할지 결정하는 것이 좋습니다. 수업 자료나 도구의 필요성을 판단하여 적재적소에 녹여 낸다면 보다 매력적인 수업이 될 것입니다.

맨손 수업은 무엇을 말하는 것인가요?

'맨손 수업'은 수업 운영 계획 없이 하는 수업(맨손 수업 1)과 의도적으로 자료나 도구 없이 하는 수업(맨손 수업 2)으로 나눌 수 있습니다.

맨손 수업 1은 일반적으로 바람직하지 않은 수업, 수업 준비를 열심히 하지 않은 수업으로 여겨집니다. 교사는 학생들의 수업 목표 도달을 위해 수업을 계획하고 운영해야 하는데, 맨손 수업 1처럼 계획과 의도가 없는 수업은 학생들의 수업 목표 도달에 관심을 두지 않은 것으로 보기에 좋은 수업의 범주에서 논의하기 어려운 것입니다.

반면 맨손 수업 2는 수업 운영 계획에 따라 자료나 도구를 사용하지 않은 것이므로 나쁜 수업이라고 볼 수 없습니다. 자료나 도구를 사용하지 않아도 수업 목표 도달에 문제가 없거나 또는 더 적합하다는 판단에 따라 수업을 운영한 의도가 있기 때문입니다. 따라서 이 책에서는 좋은 수업의 범주에서 이야기할 수 있는 맨손 수업 2의 의미로 제한하여 맨손 수업이라는 용어를 사용하였습니다.

과제, 어떻게 나눌까

· 과제 분담 방식 ·

전 선생님은 "환경 오염의 원인과 환경 오염이 생물에 미치는 영향을 알 수 있다."라는 수업 목표를 달성하기 위해 모둠별로 환경 신문을 만들어 보는 수업을 하였습니다. 그런데 신문 기사 쓰기, 신문 꾸미기, 발표하기로 모둠원의 역할을 나눈 모둠의 경우, 한 학생만 열심히 자료를 조사하고 기사문을 작성하였습니다. 신문 꾸미기와 발표 준비를 한 다른 모둠원은 환경 오염에 대해 덜 이해한 것 같아 걱정이 되었습니다. 이를 계기로 전 선생님은 모둠원끼리 과제를 나누어 맡는 수업을 할 때, 어떤 점에 신경을 써야 할지 생각해 보았습니다.

수업에서 학생 간 상호 작용이나 협동으로 학습의 효율성을 높이기 위해 모둠 활동을 할 때가 있습니다. 이러한 이유로 전 선생님도 모둠 활동을 실시하였는데, 모둠원들이 과제를 서로 나누어 맡는 과정에서 문제점을 발견했습니다. 이 문제를 해결하기 위해서는 모둠 활동에서 모둠원들이 과제를 나누는 방식에 어떤 것들이 있는지부터 살펴보아야 합니다.

혼자 하기, 같이 하기, 나눠 하기

모둠에서 과제를 나누는 방식에는 크게 혼자 하기, 같이 하기, 나눠 하기 세 가지가 있습니다.

혼자 하기는 학생들이 각자 자신의 과제를 개별적으로 수행하는 방식입니다. 모둠 내에서 의견을 나누고 도움을 주고받을 수도 있지만, 핵심 과제는 각자 해결해야 합니다. 모둠원 각자 환경 오염에 대한 신문 만들기를 하는 것이 여기에 해당합니다. 모둠원끼리 환경 오염과 관련하여 의견을 교환하는 등의 활동은 가능하지만 정보를 수집하여 정리하고 신문 기사를 쓰는 일은 혼자 해야 합니다.

같이 하기는 공통의 과제를 여러 명이 함께 수행하는 방식입니다. 공동의 목표를 가지고 모둠원이 함께 노력하여 과제를 해결해야 합니다. 환경 오염에 대한 신문 만들기를 할 때, 함께 환경 오염의 종류, 원인, 영향에 대해서 알아보고, 신문 기사를 어떻게 작성할 것인지 처음부터 끝까지 서로 지식을 나누고 상의하며 과제를 해결해 나갑니다. "단체 줄넘기를 할 수 있다."라는 수업 목표를 위해 줄넘기를 잘하는 방법을 모둠원끼리 공유하고 협동하여 줄넘기를 하는 것 역시 같이 하기 방식의 예에 해당합니다.

나눠 하기는 과제의 각 부분을 여러 명이 나누어 수행하는 방식입니다. 모둠원 네 명이 수질 오염, 토양 오염, 대기 오염, 소음 공해라는 주제를 하나씩 나누어 맡아 관련 기사를 쓰고 이를 모아 하나의 환경 신문을 만드는 것이 이에 해당합니다. 나눠 하기는 공통의 과제를 해결한다는 측면에서 같이 하기와 비슷합니다. 그러나 공통의 과제를 부분으로 나누어 각자 해결하고 그 결과를 모은다는 점에서 처음부터 끝까지 과제를 함께 해결하는 같이 하기와 차이가 있습니다.

동일한 수업 목표의 과제이더라도 과제 분담 방식을 다르게 하면 그 양상이 달라집니다. 예를 들어 수업 목표가 "역사적 인물을 소개할 수 있다."라는 수업을 할 때, 과제를 혼자 하기 방식으로 제시할 수도 있고 나눠 하기 방식으로 제시할 수도 있습니다. 교사가 역사적 인물로 A 학생에게는 김구, B 학생에게는 유관순, C 학생에게는 안창호, D 학생에게는 윤봉길을 소개하도록 했을 경우는 혼자 하기 방식을 사용한 것입니다. 이때 각자 조사한 내용을 다른 학생에게 공유하거나 알려 줄 필요는 없습니다. 하지만 A~D 학생이 조사한 인물을 '독립운동을 한 역사적 인물들'로 묶어 서로 알려 주고 배우면서 여러 인물에 관하여 알게 하면 나눠 하기의 방식을 사용한 것이 됩니다. 또 처음부터 모둠원 모두가 김구, 유관순, 안창호, 윤봉길에 대해 조사하도록 하면 같이 하기로 활동을 구성한 것이 됩니다. 이처럼 동일한 과제라도 과제 분담 방식을 그때그때 바꾸어 진행할 수 있습니다.

과제를 나눌 때 주의할 점

 모둠에서 나눠 하기 방식으로 과제를 해결할 때에는 특히 다음과 같은 사항들을 주의해야 합니다.

 첫째, 모둠원 모두가 수업 목표 도달에 직접적으로 관련이 있는 과제를 맡도록 해야 합니다. 환경 오염에 대한 환경 신문 만들기 과제를 할 때, 수질 오염, 대기 오염, 토양 오염, 소음 공해 등 환경 오염과 관련되는 주제를 모둠원 각자가 맡을 수 있도록 과제를 제시해야 합니다. 만약 과제를 신문 기사 쓰기, 신문 꾸미기, 발표하기로 분담한다면, 신문을 꾸민 학생과 발표를 맡은 학생은 '다양한 환경 문제 알아보기'라는 수업 목표에 효과적으로 도달하기 어렵게 됩니다.

 둘째, 학생들이 각자 다른 내용을 조사하고 발표할 때에는 서로 내용을 공유할 수 있는 활동을 병행하는 것이 좋습니다. 모둠에서 여러 환경 문제를 나누어 조사하고 발표하는 수업에서, 자신의 발표를 준비하느라 다른 모둠원의 설명을 잘 듣지 않는 경우가 생깁니다. 이렇게 되면 자신이 조사한 내용만 알게 되어 수업 목표 도달이 어려워집니다. 이를 방지하기 위해서는 모둠원이 나누어 조사한 것을 발표할 때 발표 내용을 기록하는 식의 장치가 필요합니다. 그러면 수질 오염을 조사한 학생도 다른 학생의 발표 내용을 기록하면서 대기 오염과 토양 오염, 소음 공해에 대해서도 잘 알 수 있게 됩니다. 이렇게 과제를 분담하여 활동한 후, 각자 조사한 내용이 제대로 공유될 수 있도록 해야 학생들 모두가 수업 목표에 도달할 수 있습니다.

이 두 가지 주의 사항은 비단 한 모둠 내에서만이 아니라 모둠과 모둠 간에도 해당합니다. 모둠별로 과제를 나누어 맡을 때에도 수업 목표와 관련이 있는 것으로 나누어 맡고, 각 모둠에서 수행한 과제의 결과를 다른 모둠과 공유할 수 있는 장치를 마련하여 학급 전체가 수업 목표에 도달할 수 있도록 해야 합니다.

회사에서 홍보, 인사, 개발, 영업 등 부서를 나누어 운영하다 사안에 따라 TF를 만들거나 부서 간 협업을 하기도 합니다. 이는 모두 회사의 이익을 극대화하기 위해서입니다. 마찬가지로 수업의 효율을 극대화하기 위해 교사는 학생 혼자 하거나, 친구와 역할을 나누어 맡거나, 공동으로 해결하는 등 각각의 과제 분담 방식의 특징을 이해하고, 수업 목표 도달에 가장 적합한 방식을 선택해야 합니다.

과제 분담을 학생들이 하게 해도 될까요?

과제 분담을 학생들에게 맡겼을 때, 학생들이 수업 목표 도달과 직접적으로 관련이 없는 방향으로 과제를 나누는 경우가 생깁니다. 과제를 나눌 때 수업 목표 도달과 관련이 있는 과제로 나누려면 수업 내용의 핵심을 잘 파악하고 있어야 하기 때문입니다. 그래서 학생들이 수업 내용을 잘 모르거나 학생들의 연령이 낮을 때에는 선생님이 과제를 나누어 주는 것이 효율적입니다. 그러다 수업 내용에 어느 정도 익숙한 단계가 되거나 학생의 연령이 올라가면 과제 분담의 주도권을 학생에게 넘길 수 있습니다.

스스로 과제를 나누어 보는 경험은 자기 주도적 학습 능력을 키우는 데에도 도움을 줄 수 있습니다. 다만 이때에도 교사는 과제 분담이 수업 목표 도달과 관련이 되도록 안내를 하고, 그러한 형태로 적합하게 나누어졌는지 확인하고 도와주어야 합니다.

4장

지원하고 도와주는 평가로

목적은 달라도 같은 것을 평가해요

• 평가 목적과 평가 요소 •

"교육청 백일장 대회에 참가할 학생 대표를 뽑아야 합니다. 어떻게 뽑을까요?"

부장 선생님의 질문에 선생님들이 저마다 의견을 냈습니다. 고 선생님은 교내 대회를 열어 우수한 학생을 대표로 뽑자고 하였습니다. 박 선생님은 이미 국어 시간에 글쓰기 평가를 한 결과가 있으니 그것을 참고하여 대표를 뽑자고 하였습니다. 그러자 고 선생님은 애초에 다른 목적으로 평가한 결과를 가지고 대표를 뽑으면 안 된다고 하였습니다. 박 선생님은 이미 글쓰기 능력이 증명되었기 때문에 상관이 없다고 하였습니다. 이 대화를 들은 부장 선생님은 어떻게 결정해야 할지 고민에 빠졌습니다.

학생 대표 선발을 위한 평가와 학생 지도를 위한 평가는 평가 목적이 다릅니다. 이렇게 평가 목적이 다를 때, 고 선생님 의견처럼 평가를 새로 해야 할까요? 아니면 박 선생님 의견처럼 기존 평가 결과를 활용할 수도 있는 걸까요?

서로 다른 평가의 목적

평가 1 대회에 참가할 대표를 뽑기 위한 평가
평가 2 글쓰기 능력 향상에 도움을 주기 위한 평가

평가 1은 대표 선발을 위해 글쓰기 능력을 비교하여 학생들의 순위를 파악하는 평가입니다. 순위를 매기는 과정에서 상대적으로 잘하는 사람과 못하는 사람이 발생하므로 이러한 평가를 흔히 '상대 평가'라고 합니다. 교육 평가 분야에서는 '규준 지향 평가(규준 참조 평가)'라고도 부릅니다. 상대 평가는 학생들의 과도한 경쟁을 유발한다고 하여 교육적으로 적절하지 않다고 보는 시각이 있습니다.

평가 2는 학생 지도에 필요한 정보를 얻기 위해 글쓰기 능력을 파악하는 평가입니다. 이 평가 결과를 토대로 학생이 잘

하는 점과 부족한 점을 알아낼 수 있습니다. 이러한 평가를 흔히 '절대 평가'라고 합니다. 교육 평가 분야에서는 '목표 지향 평가 또는 준거 지향 평가(준거 참조 평가)'라고도 부릅니다. 절대 평가는 학생의 성취 수준에 대한 정보를 제공하고 능력 향상에 도움을 줄 수 있습니다.

동일한 평가 요소

상대 평가와 절대 평가는 평가의 목적이 다르기 때문에 막연히 평가 요소도 서로 다를 것이라고 생각합니다. 하지만 상대 평가와 절대 평가의 평가 요소는 다르지 않습니다.

평가 1은 학생 간의 글쓰기 능력을 비교하기 위해서 먼저 학생 개인의 글쓰기 능력을 파악합니다. 평가 2도 글쓰기 지도를 할 때 학생에게 어떤 도움이 필요한지 알아내기 위해서 학생의 글쓰기 능력을 파악합니다. 두 평가 모두 학생 개인의 글쓰기 능력을 평가하기 위해 주제에 맞는 내용을 생성하고 조직할 수 있는지, 어법에 맞게 글을 쓸 수 있는지, 인상적이고 참신한 표현을 사용할 수 있는지 등 글쓰기 능력을 이루는 요소를 평가합니다. 이렇게 두 평가는 평가의 핵심이라 할 수 있는 평가 요소가 같기 때문에 본질적으로 다르지 않습니다. 다만 평가를 한 후, 그 결과를 어떤 목적으로 어떻게 활용하는지에 차이가 있을 뿐입니다.

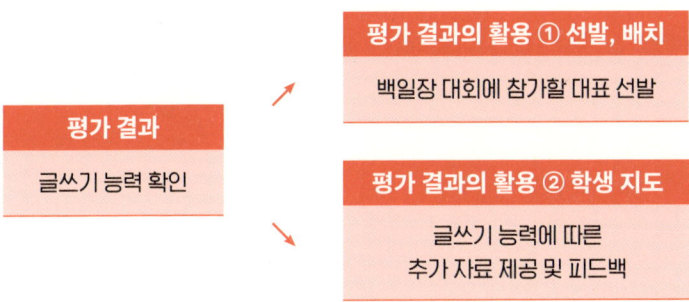

 앞선 사례에서 학생 대표를 선발할 때 가장 먼저 이루어져야 하는 것은 학생의 글쓰기 능력을 확인하는 것입니다. 학생 개인의 글쓰기 능력을 파악한 후에 그것을 다른 학생의 성취도와 비교하여 대표를 선발합니다. 이를 위해 새로운 글쓰기 평가를 실시할 수도 있고, 기존의 글쓰기 능력 평가 결과가 있다면 그것을 활용하는 것도 가능합니다.

 학생의 성취도를 평가할 때에는 상대 평가든 절대 평가든 모두 평가 요소의 성취 여부를 파악하는 것이 가장 중요하고 우선시되어야 합니다. 평가 요소에 따라 평가를 한 뒤 그 결과를 어떻게 활용할지는 이후에 결정해도 늦지 않습니다. 과일을 구입할 때, 신선한 과일을 잘 고르기만 하면 생으로 먹어도 좋고 주스로 만들어 먹어도 좋은 것처럼 말입니다. 평가를 할 때 평가의 핵심인 평가 요소에 집중하고, 평가 요소에 따라 평가한 결과는 학생 선발이나 배치, 학생 지도와 같은 다양한 평가 목적에 따라 알맞게 활용하도록 합니다.

상대 평가는 하면 안 되나요?

흔히들 상대 평가보다 절대 평가를 지향해야 한다고 말합니다. 수업에서 학생의 성취도를 평가할 때 절대 평가를 기반으로 해야 하는 것은 일면 타당하지만, 때로는 교육적인 결정을 위해서 상대 평가 역시 사용되어야 할 때가 있습니다. 상대 평가와 절대 평가는 옳고 그름의 문제라기보다 평가 결과의 활용 목적이 다른 것으로 이해해야 합니다. 상대 평가가 필요한 교육 상황이 있고, 절대 평가가 필요한 교육 상황이 있기 때문입니다. 어느 한쪽의 목적으로 과도하게 치우쳐져 있는 것이 문제이지, 각각의 평가 목적이 필요한 상황이 있음을 부정할 수는 없습니다.

나누어 가르치고, 나누어 평가하고, 나누어 제시하라

• 분석적 평가 •

문 선생님은 받아쓰기를 채점한 뒤, 학생들에게 틀린 문장을 바르게 고쳐 10번씩 써 오는 과제를 주었습니다. 며칠 후, 문장을 10번씩이나 쓰며 공부했으니 받아쓰기 실력이 향상되었을 것이라 기대하고 다시 받아쓰기 문제를 냈습니다. 그런데 홍길동 학생은 과제로 쓴 "악끼를 연주해요."라는 문장은 "악기를 연주해요."로 올바르게 썼지만, 비슷한 문장인 "국기를 색칠해요."는 "국끼를 색칠해요."로 써서 같은 실수를 반복했습니다. 문 선생님은 어떻게 평가하고 피드백을 해 주어야 이런 일이 일어나지 않을지 궁금했습니다.

홍길동 학생처럼 문장을 통째로 따라 쓰면 무엇이 틀렸고 무엇을 더 학습해야 하는지 알기 어렵습니다. 교사가 학생에게 평가를 통해 부족한 점과 더 학습해야 하는 사항을 정확히 알려 주기 위해서는 평가 요소를 상세하게 나누는 것부터 시작해야 합니다.

상세하게 나누기

평가를 할 때에는 평가 요소를 상세히 나누어서 해야 합니다. 다음은 국어과 수업에서 연음 1단계를 잘 이해했는지 평가하기 위해 평가 요소를 5가지로 나눈 것입니다.

연음 1단계 받아쓰기 평가 요소	낱말
받침 'ㄱ'이 뒤로 넘어가서 소리 나는 낱말	국어책, 목욕, 움직여요
받침 'ㄴ'이 뒤로 넘어가서 소리 나는 낱말	안으며, 손을
받침 'ㄹ'이 뒤로 넘어가서 소리 나는 낱말	날아가는, 외톨이, 길어요
받침 'ㅁ'이 뒤로 넘어가서 소리 나는 낱말	그림을, 넘어져요, 구름이
받침 'ㅂ'이 뒤로 넘어가서 소리 나는 낱말	손톱이, 잡아요

	받아쓰기 문항		
1	날아가는 새	6	목욕탕에 가요.
2	외톨이 알밤	7	강아지를 안으며
3	그림을 그려요.	8	손톱이 길어요.
4	금방 넘어져요.	9	손을 잡아요.
5	국어책 보세요.	10	구름이 움직여요.

평가 요소에 따른 낱말을 만들고, 그 낱말을 활용하여 받아쓰기 문항을 만들었습니다. 이렇게 평가 요소를 상세히 나눠 평가하면 학생들이 어떤 부분이 부족한지 알기 쉽습니다. 예를 들어 학생이 1번 문항에서 "날아가는"을 '나라가는'으로, 2번 문항에서 "외톨이"를 '외토리'로, 8번 문항에서 "길어요"를 '기러요'로 썼다면 이 학생은 받침 'ㄹ'이 뒤로 넘어가서 소리 나는 낱말의 받아쓰기를 어려워하는 것입니다. 이때 교사는 학생에게 '살아요', '돌아온다', '발아' 등 받침 'ㄹ'이 뒤로 넘어가서 소리 나는 낱말을 연습할 수 있는 보충 학습지를 제공할 수 있습니다. 이 방법이 "날아가는 새", "외톨이 알밤", "손톱이 길어요."를 10번 쓰게 하는 것보다 훨씬 효과적입니다.

상세하게 보여 주기

평가는 상세하게 나누어서 했는데, 평가 결과를 제대로 제공하지 않아 정작 학습에 도움이 되지 않을 때도 있습니다. 다음은 연음 1단계 받아쓰기를 채점한 결과입니다.

연음 1단계 받아쓰기

이름	홍길동	점수	60 ②

①

1.	나	라	가	는		새		
2.	외	토	리		알	밤		
③ 3.	그	림	을		그	려	요	.
4.	금	방		넘	어	져	요	.
5.	국	어	책		보	세	요	.
6.	모	곡	탕	에		가	요	.
⑦ 7.	강	아	지	를		안	으	며
8.	손	톱	이		기	러	요	.
⑨ 9.	손	을		잡	아	요	.	
10.	구	름	이		움	직	여	요	.

③ 지난 번에는 50점이었는데 이번에는 60점을 맞았구나.
매일매일 받아쓰기 연습을 해 보렴.
좋은 결과가 있을 거야!

이 평가 결과에서 알 수 있는 정보는 무엇인가요? 우선 ①을 통해 맞은 문항과 틀린 문항이 무엇인지 확인할 수 있습니다. 그러나 틀린 문항 중에서도 어느 부분을 더 연습해야 하는지는 명확하게 알기 어렵습니다. ②는 평가 결과를 수치화한 것으로, 연음 1단계 받아쓰기를 60% 정도 할 수 있다는 정보를 줍니다. 이때 학생이 '내가 연음 받아쓰기 공부를 더 해야겠구나.'라고 생각할 수는 있지만, 여전히 연음 1단계 받아쓰기에서 어떤 부분이 부족하고 어떤 부분을 보완해야 하는지는 정확히 알 수 없습니다. ③은 학생의 평가 결과에 대한 교사의 응원 메시지입니다. 이러한 교사의 격려는 학습에 대한 동기 부여가 될 수 있지만 학생의 학습 개선을 위한 정보는 아닙니다.

평가 요소를 상세하게 나누어 평가 문항을 만들었음에도 불구하고 유의미한 정보를 주지 못하는 이유는 무엇일까요? 다음의 예를 보면서 평가 결과 제시 방식이 어떻게 다른지 생각해 봅시다.

연음 1단계 받아쓰기

이름	홍길동			점수	60		
④							⑤
1.	나	라̸	가	는	새		ㄹ↗
2.	외	토̸	리		알	밤	ㄹ↗
③ 3.	그	림	을		그	려	요 .
④ 4.	금	방		넘	어	져	요 .
⑤ 5.	국	어	책		보	세	요 .
6.	모	곡̸	탕	에		가	요 .	ㄱ↗
⑦ 7.	강	아	지	를		안	으	며
8.	손	톱	이		기̸	러	요 .	ㄹ↗
⑨ 9.	손	을		잡̸	아	요 .	
⑩ 10.	구	름	이		움	직	여	요 .

⑥ 지난 번보다 받침 'ㄱ'이 뒤로 넘어가서 소리 나는 낱말을 잘 쓰는구나. 이제는 받침 'ㄹ'이 뒤로 넘어가서 소리 나는 낱말을 더 연습해 보렴. 좋은 결과가 있을 거야!

평가 요소는 같지만 이번에는 평가 결과를 다르게 제시했습니다. ④는 문장의 어느 부분이 틀렸는지에 대한 정보를 줍니다. 이 경우 학생은 문장 전체보다 틀린 부분에 집중할 수 있습니다. ⑤는 학생이 틀리게 쓴 부분이 어떤 수업 내용과 관련이 있는지를 알려 줍니다. 구체적으로 ㄹ↗는 받침 'ㄹ'이 뒤로 넘어가서 소리 나는 낱말, ㄱ/는 받침 'ㄱ'이 뒤로 넘어가서 소리 나는 낱말과 관련되어 있음을 나타낸 것입니다. ⑥은 ③과 같이 학생의 평가 결과에 대한 교사의 응원 메시지입니다. 그런데 ③과 다른 점은 어떤 점이 좋아졌으며 어떤 점을 더 학습해야 되는지 알려 주었다는 점입니다. 학생에게 받침 'ㄹ'이 뒤로 넘어가서 소리 나는 낱말을 더 공부해야 한다고 정확히 알려 주고 있습니다. 이렇듯 상세한 평가 요소를 드러내어 결과를 제공하면 어떤 부분에서 문제가 생겼는지, 어떤 부분을 연습해야 받아쓰기 실력이 향상될 수 있는지 정확하게 안내해 줄 수 있습니다. 평가 결과는 다음과 같이 별도의 결과지로 제공할 수도 있습니다.

평가 결과지 A		상	중	하
받침 'ㄱ, ㄴ, ㄹ, ㅁ, ㅂ'이 뒤로 넘어가서 소리 나는 낱말을 받아쓸 수 있다.			○	

평가 결과지 B		상	중	하
받침 'ㄱ, ㄴ, ㄹ, ㅁ, ㅂ'이 뒤로 넘어가서 소리 나는 낱말을 받아쓸 수 있다.	받침 'ㄱ'이 뒤로 넘어가서 소리 나는 낱말 받아쓰기		○	
	받침 'ㄴ'이 뒤로 넘어가서 소리 나는 낱말 받아쓰기	○		
	받침 'ㄹ'이 뒤로 넘어가서 소리 나는 낱말 받아쓰기			○

평가 결과지 A는 연음 1단계 받아쓰기 결과에 대한 종합적인 수준만 드러내는 반면에, 평가 결과지 B는 어떤 받침의 연음에서 보완이 필요한지까지 보여 줍니다. 평가 결과지 B처럼 평가 요소를 함께 제시할 때 평가 결과를 나타내는 방식은 체크 리스트형이든 문장 서술형이든 상관없습니다. 평가 요소가 상세하게 나뉘어 있으면 체크 리스트 형태로 평가 결과를 제공하는 것만으로도 피드백에 용이한 자료가 되기 때문입니다.

과일 가게에서 수박을 고를 때, 많은 사람이 수박의 겉껍질을 통통 쳐서 소리를 들어 봅니다. 소리를 듣고 수박이 잘 익었는지 짐작하는 것입니다. 하지만 수박이 정말 잘 익었는지 확인하기 위해서는 수박을 통통 치기만 할 게 아니라 수박의 꼭지, 배꼽, 줄무늬, 색깔 등도 함께 꼼꼼히 살펴보아야 합니다. 평가도 마찬가지입니다. 평가 요소를 상세히 나누어 평가해야 학생의 수업 목표 도달 정도를 정확하게 파악하고 피드백할 수 있습니다.

전보다 더 잘하는구나

• 성장 중심 평가 •

성 선생님은 줄넘기 수업을 마치고 평가를 실시했습니다. 평가 요소는 두 발 모아 뛰기로 1분 안에 100개 이상 뛰면 '매우 잘함', 80~99개 뛰면 '잘함', 60~79개 뛰면 '보통', 59개 이하이면 '노력 요함'으로 기준을 설정하였고, 응시 기회도 두 번씩 제공하였습니다. 그 결과 104개를 뛴 철수는 '매우 잘함'을, 57개를 뛴 영수는 '노력 요함'의 등급을 받았습니다. 그런데 성 선생님은 '노력 요함'이라는 영수의 평가 결과에 신경이 쓰였습니다. 영수는 처음에 줄넘기를 전혀 하지 못했는데, 3주 사이에 57개까지 뛰어 넘을 수 있게 되었습니다. 아마 영수는 수업 안팎으로 많은 노력을 했을 것입니다. 그런데도 수업 마지막 시점의 기록만 평가하는 지금의 방식으로는 영수의 발전 상태를 기술할 수 없어 아쉬움이 남았습니다.

평가 방법에는 문제가 없지만 성 선생님과 같이 평가 결과를 놓고 고민을 할 때가 있습니다. 그것은 평가 결과가 수업 과정에서 보인 학생의 노력이나 변화를 담아내지 못했기 때문입니다. 학생의 성장 및 발전 과정까지 평가 결과에 담아내려면 어떻게 하는 것이 좋을까요?

출발점에 대한 진단

학생이 수업 목표에 도달하지 못했다고 해서 아무 것도 배우지 못한 것은 아닙니다. 정도에 차이만 있을 뿐, 학생은 나름의 성장을 했을 것입니다. 그러한 작은 변화들이 쌓여 큰 변화를 이루고, 결국 목적지에 도착하게 됩니다. 수업 후 학생이 수업 목표에 도달한 정도를 확인하는 평가 방식만으로는 학생의 성장과 변화를 확인할 수 없습니다. 수업 시작 전 학생의 상태(출발점)를 점검해야만 학생이 현재 줄넘기를 잘 하는 것이 줄넘기 수업으로 인한 것인지, 원래부터 그랬던 것인지 확인할 수 있습니다. 그렇게 해야 비로소 수업 중 일어나는 학생의 변화에 주목할 수 있습니다.

성장 과정에 대한 정보

학생의 성장 과정을 평가하기 위해서는 학습 도달률과 학습 성장률을 모두 고려해야 합니다. 학습 도달률은 평가 시점에 목표에 도달한 정도를 수치화한 것입니다. "1분 안에 두 발 모아 뛰기 100개를 할 수 있다."라는 수업 목표를 설정한 경우, 마지막 수업 시간에 학생이 몇 개를 뛰었는지 기록하는 것이 이에 해당합니다. 아래 그래프처럼 영수는 57개, 철수는 104개로 나타낼 수 있습니다.

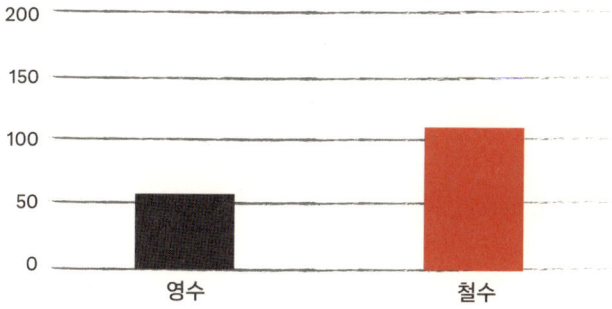

학습 성장률은 출발점과 도착점을 표시한 후 그 변화 정도를 수치화한 것입니다. 이를 통해 학생의 성장 정도를 알 수 있습니다. 앞선 줄넘기 수업의 경우, 첫 수업을 시작하기 전에 뛴 줄넘기 개수와 마지막 수업 시간에 뛴 줄넘기 개수를 모두 기록하여 변화 정도를 나타냅니다.

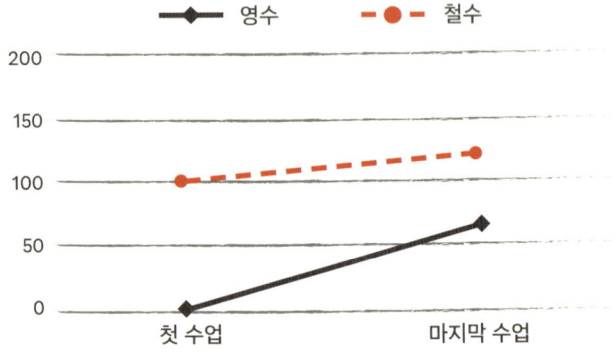

 가파르게 상승한 영수의 학습 성장률 그래프의 기울기는 영수가 얼마나 연습하고 노력했는지를 나타내 줍니다. 이처럼 학생의 학습 성장률을 확인하면 학생의 학습 과정을 더 많이 이해할 수 있습니다. 그리고 이를 바탕으로 학생이 앞으로 얼마나 더 발전하게 될지도 예측할 수 있습니다. 짧은 시간 안에 줄넘기 넘는 횟수가 크게 증가한 영수는 더 연습하면 100개도 충분히 넘을 수 있을 것입니다.
 학생의 성장률을 확인하는 것은 학생의 발전 가능성에 대한 교사의 신뢰로 이어집니다. 발전 가능성에 대한 신뢰는 학생의 성장을 촉진하고 지원하는 수업의 원동력이 됩니다. 또한 획일적인 학습 속도와 결과를 강요하기보다 개별 학습 속

도를 존중하고 지원하는 수업을 할 수 있게 합니다.

학습의 결과뿐만 아니라 학습의 과정까지 중시하는 수업은 학생의 현재와 미래를 모두 고려하는 수업이기도 합니다. "넌 전보다 줄넘기를 더 잘하는구나!"라는 말 뒤에는 "계속 연습하면 앞으로 더 잘할 수 있을 거야."라는 말이 따라올 것 같지 않나요? 그 말을 들은 학생은 앞으로 얼마나 더 성장하게 될까요?

80%, 목표 도달의 황금 비율

· 목표 도달 여부의 판단 ·

신 선생님은 매일 열심히 수업을 준비하고 가르쳤는데도 수업 내용을 이해하지 못하는 학생이 있어 속상했습니다. 활동과 자료를 바꿔 보고 같은 내용을 여러 번 가르쳐 보기도 했지만 소용이 없었습니다. 이미 수업 내용을 이해한 학생은 지루해했고 일부 학생은 여전히 어려워했습니다. 모든 학생이 완벽히 이해할 때까지 수업을 하면 좋겠지만 현실적으로 이는 불가능했습니다. 가끔은 수업을 대충 마무리할 때도 있습니다. 이런 자신의 모습이 창피하고 부끄럽기도 하지만 그렇다고 모든 학생이 이해할 때까지 수업을 반복할 수는 없어 답답하기만 합니다.

신 선생님과 같이 '학생들이 수업 내용을 어느 정도쯤 이해해야 수업을 마무리할 수 있는 걸까?', '수업 내용을 다 이해하지 못한 학생들은 어떻게 해야 하지?' 등의 고민을 하게 될 때가 있습니다. 이러한 고민을 해결하려면 어떻게 해야 할까요?

완벽함은 만들어 가는 것

어떤 일이든 완벽히 해내려면 충분한 시간과 노력이 필요합니다. 학생들이 수업 목표에 도달하는 것도 마찬가지입니다. 단 한 번의 수업으로, 수업에 참여한 모든 학생이 완벽하게 목표에 도달할 수는 없습니다. 학생의 수준과 성향이 다양한 만큼 학생이 목표에 도달하는 속도도 제각기 다르기 때문입니다.

학생의 약 95%가 과제의 약 90%까지 해내는 완전 학습을 주장한 교육 심리학자 블룸(Benjamin S. Bloom)은 완전 학습을 위해서는 학생 개인의 능력과 학습 속도에 맞는 학습 기회나 학습 시간이 충분히 주어져야 한다고 이야기했습니다. 하지만 제한된 시간 안에 수업을 마무리해야 하는 다인수 학급에서 이를 실현시키기에는 어려움이 많습니다. 따라서 수업 중에 모든 학생이 수업 내용을 100% 이해하거나 숙달해야 한다는 고정 관념을 내려놓을 필요가 있습니다. 정해진 수업 시간 안에 도달해야 하는 수업 목표의 기준을 약 80% 내외 수준으로 잡고, 그 이상은 정규 수업 시간 외에 복습 및 적용 학습을 하여 수업 목표에 100% 도달할 수 있도록 합니다. 다시 말해 교사와 함께 학습한 내용을 토대로 학생 스스로 더 나아갈 수 있으리라는 가능성을 믿고 수업을 운영하는 것이 좋습니다.

학생의 성장 가능성과 성장 속도의 차이

학생이 수업을 통해 목표의 80% 수준에 도달했다면 그 수업은 성공적이라고 할 수 있습니다. 목표의 80% 정도 수준에 도달하면 어느 정도 학습 기반이 다져졌다고 볼 수 있기 때문입니다. 나머지 20%는 학생 스스로 해결할 수 있습니다. 교사의 임무는 학생이 특정 능력을 수행할 수 있는 수준까지 그 기반을 다져 주는 것입니다. 학생이 수업을 통해 일정 수준까지 도달했다면 나머지 부분은 배운 내용을 바탕으로 학생 스스로 완성해 가도록 합니다.

예를 들어 "받아 올림이 있는 두 자리 수 덧셈을 할 수 있다."라는 수업 목표에서 학생은 정해진 시간 내에 덧셈하는 방법을 알고 다양한 문제를 해결할 수 있어야 합니다. 그러나 받아 올림이 있는 덧셈 10문제 중에 9문제 이상을 정확하게 계산하는 수준에 이르기 위해서는 정해진 수업 시간 외의 시간에도 반복 연습을 더 해야 합니다. 따라서 수업의 초점은 수업 목표에 완벽하게 도달하는 것보다 목표 달성의 가능성을 확보할 수 있는 정도로 설정합니다.

다인수 학급에서 목표 도달 학생의 비율도 '전체(100%)'보다 '대부분(80%)'으로 설정하는 것이 좋습니다. 학생 전체가 성공적으로 목표에 도달하기를 바라지만, 현실적으로는 어려운 게 사실입니다. 학생마다 학습 속도가 다르기 때문입니다. 학급 대부분의 학생(80%)이 수업 목표에 어느 정도 도달하면 다음 수업 내용으로 넘어가고, 나머지 학생(20%)은 개별 학습으로 목표에 도달할 수 있도록 별도로 지원해 줍니다. 반대로 정해진 수업 시간 내에 학생 대부분(80%)이 수업 목표에 도달하지 못했다면, 수업 목표 설정에 문제가 있는 것은 아닌지 점검해 보고 수업 내용과 방법 등을 조정해야 합니다.

운전을 하려면 도로 교통 규칙과 자동차의 작동법을 알고, 정해진 코스에서의 운전 기능을 익혀 운전면허를 취득해야 합니다. 운전면허를 취득했다고 해서 바로 운전을 잘할 수 있는 것은 아니지만, 운전을 완벽하게 할 때까지 강사에게 계속 교육만 받을 수도 없습니다. 운전면허를 취득한 이후에는 스스로 운전 경험을 쌓으며 실력을 키워 나가야 합니다. 마찬가지로 학생이 수업 내용의 80%를 소화했다면 성공이라고 보고, 나머지 20%는 추가적으로 보완해 나가도록 합니다. 이 20%는 반복 연습이나 일상생활에서의 적용 등을 통해 학생 스스로 채워 갈 수 있습니다. 학습에 대한 책임은 교사 혼자의 몫이 아니라 교사와 학생 모두의 몫입니다. 수업에서의 80%는 효과적인 수업 운영을 가능하게 하고, 교사와 학생 모두 지치지 않게 하는 최적의 황금 비율입니다. 교사와 함께 도달한 80%를 토대로 학생 스스로 +α를 만들어 간다면 100% 그 이상의 결과도 이루어 낼 수 있지 않을까요?

평가, 언제 해야 할까

• 평가 시기 •

팽 선생님은 '분모가 서로 다른 두 분수의 덧셈' 수업의 마지막에 학생들에게 평가지를 나누어 주고 평가를 하였습니다. 그런데 기대했던 것과 달리 학생들의 평가 결과가 좋지 않았습니다. 같은 수업을 한 번 더 해야 하는 것인지 고민이 되었습니다. 그러다 수업의 마지막이 아니라 수업 중간에 평가를 하여 학생들이 어려워하는 부분을 바로바로 찾아내면 좋겠다는 생각이 들었습니다. 그렇게 하면 수업 중에 수업 내용을 한 번 더 설명하거나 수업의 방향을 바꾸는 등 수업을 바로 개선할 수 있기 때문입니다. 그런데 평가를 정말 수업 중간에 해도 되는 걸까요?

팽 선생님처럼 평가는 보통 수업의 마지막에 이루어져야 한다고 생각합니다. 수업이 마무리되어야 학생의 수업 목표 도달 여부를 확인할 수 있다고 여기기 때문입니다. 그런데 수업 목표 도달 여부를 꼭 수업의 마무리 시기에만 확인해야 할까요? 또 수업 중 이루어지는 활동에 평가와 관련이 있는 것은 없을까요?

수업 중 언제라도, 몇 번이라도 할 수 있는 평가

수업 중 방금 학습한 내용에 대한 학생들의 이해 정도를 파악하는 교사의 질문에 대해서 생각해 봅시다. 수업 내용은 상세화하여 가르쳐야 하고, 그렇게 상세화된 내용을 평가해야 한다고 했습니다. 그런데 수업 중 각각의 수업 내용을 학생이 잘 이해하고 있는지 확인하고 점검하는 활동은 모두 평가와 연관됩니다. 따라서 평가는 수업의 어느 때라도 등장할 수 있습니다. 학생의 수업 목표 도달은 어느 한 순간에 이루어지는 것이 아니기에 수업의 활동 과정마다, 또 상세화된 평가 요소마다 수시로 평가가 이루어질 수 있는 것입니다.

팽 선생님처럼 '분모가 서로 다른 두 분수의 덧셈'을 가르칠 때, 수업 내용을 다섯 단계로 나누어 가르칠 수 있고, 이때 교사는 어느 단계에서든 평가를 실행할 수 있습니다.

	1단계	2단계	3단계	4단계	5단계
	분모가 서로 다름을 확인하고 통분해야 함을 알기	두 분모의 최소 공배수 구하기	두 분모의 최소 공배수로 통분하기	분자끼리의 덧셈하기	더해진 분자와 분모 쓰기
평가 ①	수업 진행				
			평가하기 ↑		
평가 ②		수업 진행			
					평가하기 ↑
평가 ③		수업 진행			
			평가하기 ↑		평가하기 ↑

평가 ①은 3단계까지 수업을 하고 실시하는 평가이기 때문에 '두 분모의 최소 공배수로 통분하기'를 할 수 있는지까지만 확인할 수 있습니다. 5단계까지 마치지 않고 중간에 평가를 진행하는 이유는 3단계 내용을 모르면 4, 5단계를 제대로

수행할 수 없기 때문입니다. 따라서 수업 중간에 다음과 같은 문항의 평가를 시행한 후, 학생이 어려워하는 부분에 대해 "두 분모가 다를 때에는 두 분모의 최소 공배수를 구해서 분모를 같게 만들어 주어야 합니다.", "분모에 곱한 수를 분자에도 곱하세요."와 같은 피드백을 제공합니다.

평가 ① 문항 다음 빈칸에 알맞은 숫자를 써 넣으세요.

$$\frac{3}{4} + \frac{1}{6} = \frac{3 \times \square}{4 \times \square} + \frac{1 \times \square}{6 \times \square}$$

이처럼 수업 중에라도 학생이 학습한 내용에 대한 이해 및 숙달 정도를 확인하고 피드백을 할 수 있습니다. 다만 수업 중에 실시하는 평가는 수업 활동의 일부이기 때문에 교사 스스로도 평가라고 인식하지 못하는 경우가 있지만, 수업 중 실시하는 교사의 간단한 질문도 평가가 됩니다. 교사는 그러한 평가를 바탕으로 학생들의 전반적인 수업 목표 도달 여부를 파악하여 다음 수업 내용으로 넘어가거나 지금까지 배운 내용을 한 번 더 짚어 주기도 하는 등 평가 결과를 수업 운영에 반영합니다.

평가 ②는 5단계까지 수업을 마친 후에 실시하는 평가로,

1~5단계 내용 모두가 평가 대상이 되기에 평가 ①보다 평가 요소가 많습니다.

평가 ② 문항 풀이 과정이 드러나게 계산하세요.

$$\frac{3}{4} + \frac{1}{6} = \frac{3 \times \boxed{3}}{4 \times \boxed{3}} + \frac{1 \times \boxed{2}}{6 \times \boxed{2}}$$

$$= \frac{\boxed{9}}{\boxed{12}} + \frac{\boxed{2}}{\boxed{12}}$$

$$= \frac{\boxed{9} + \boxed{2}}{\boxed{24}}$$

$$= \frac{\boxed{11}}{\boxed{24}}$$

위 예시 문항은 1~5단계를 모두 제대로 이해하고 있는지를 평가하고 있습니다. 이 문항을 푼 학생은 3단계까지는 잘 이해하고 있으나, 4단계에서 분모까지 더하는 실수를 했으므로 이에 대해서만 보충 지도를 하면 됩니다.

평가 ①과 ②는 대단원 구조로 되어 있는 교재를 가정하였을 때, 형성 평가와 총괄 평가에 해당합니다. 평가 ①은 수업이 진행되는 과정에서 현재 지도하고 있는 수업 내용을 평가 요소로 합니다. 평가 ②는 대단원이 끝나고 대단원 내에서 지도했던 모든 내용을 평가 요소로 합니다. 때로는 총괄 평가에 대단원 이전에 학습했던 내용까지 평가 요소로 포함하기도 합니다.

평가 ③은 수업 중간과 마지막에 각각 평가를 실시하였습니다. 수업에서 평가를 하는 시기가 수업 마지막으로 고정되어 있지 않고 필요에 따라 달라지는 것처럼, 평가를 하는 횟수도 마찬가지입니다. 평가가 필요한 시점이라면 수업 중 언제든지, 몇 번이라도 평가할 수 있습니다.

수업 시작 전에 하는 평가

앞서 평가 시기에 따라 평가 요소가 달라지는 점을 확인하였습니다. 즉 언제 평가하는지는 어디까지 평가할 것인지에 영향을 미칩니다. 평가에는 수업 중이나 후, 대단원 학습 중이나 후에 이루어지는 것 이외에 수업 전이나 단원 시작 전, 학기 초에 실시하는 진단 평가도 있습니다. 진단 평가는 학생이 새로운 수업 내용을 학습하기 전에, 이미 학습한 내용을 대상으로 평가하여 학생이 지식과 능력을 어느 정도 갖추고 있는지 확인하는 평가입니다. 예를 들어 '분모가 서로 다른 두 분수의 덧셈'을 수업하기 전에 학생들이 '분모가 같은 분수의 덧셈과 뺄셈 하기', '분모가 다른 두 분수 통분하기' 등을 할 수 있는지 확인하기 위해서 진단 평가를 실시할 수 있습니다.

  진단 평가 결과는 수업에 반영하여 수업 내용을 조정하는 데에 활용합니다. 진단 평가에서 학생들이 어려워하는 내용을 발견했다면 본격적인 수업을 시작하기에 앞서 그 부분을 지도해야 합니다. 그렇게 해야 새로운 내용을 받아들일 수 있고, 수업 목표에도 잘 도달할 수 있기 때문입니다. 분모가 다른 두 분수를 통분하는 방법을 잘 모르고 있다는 점이 진단 평가로 확인되었다면 이 부분을 집중적으로 지도함으로써, 분모가 서로 다른 분수의 덧셈을 하는 데에 방해가 되는 걸림돌을 없애 주어야 합니다.

  의사가 성공적으로 수술하여 환자를 치료하기 위해서는 수술 전, 중, 후 모든 단계에서 환자의 상태를 정확히 파악해야 합니다. 수술 전에는 환자의 상태에 맞는 수술 방법을 정하고 수술 중 발생할 수 있는 여러 위험에 대비합니다. 수술 중에도 환자의 상태를 계속 확인하며 수술이 성공적으로 이루어지도록 조치를 취하고, 수술을 마친 이후에는 수술 결과에 따라 입원을 얼마나 할지, 통원 치료는 어떻게 할지 등을 결정합니다. 학생을 평가하는 것도 마찬가지입니다. 수업 목표에 잘 도달할 수 있도록 수업 전 학생의 현재 수준을 파악하고 수업 전반에 걸쳐 끊임없이 수업 목표 도달을 위한 여러 활동이 잘 이루어지고 있는지 확인하며 교사의 안내와 도움이 필요할 때마다 이를 적절히 제공해야 합니다. 수업 후에는 지금까지 학습한 내용을 제대로 이해하고 활용할 수 있는지 확인하고, 부족한 부분이 있다면 보충이나 연습을 위한 추가 지도를 하도록 합니다.

평가 고민 상담소

고민 1

자기 평가, 동료 평가 어떻게 해야 할까요?

Q. "마음이 잘 드러나게 편지를 쓸 수 있다."라는 수업 목표로 수업을 한 뒤, 학생들에게 자신이 쓴 편지를 칠판에 붙이게 했습니다. 그리고 자신과 친구들의 편지를 읽어 보고 동료 평가를 해 보게 하였는데 예상과 다른 결과가 나왔습니다. 편지의 내용보다 글씨체나 맞춤법, 편지지 같은 부수적인 요소에 더 관심을 보인 것입니다. 이렇게 자기 평가나 동료 평가로는 제대로 평가하기가 쉽지 않은데, 왜 해야 하는 걸까요?

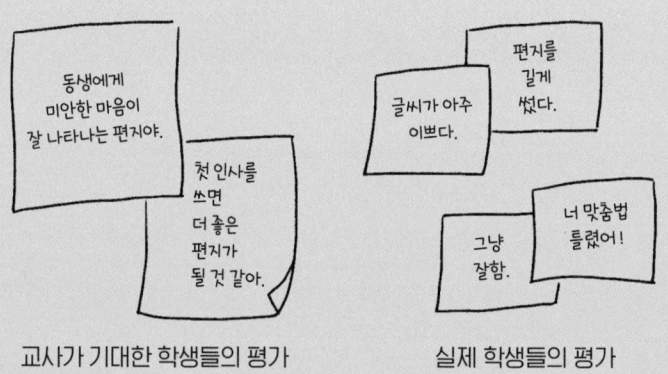

교사가 기대한 학생들의 평가   실제 학생들의 평가

A. 자기 평가와 동료 평가는 학생이 교사의 도움 없이 스스로 평가와 피드백을 해 보는, 자기 주도적 학습의 일환이라는 점에서 의미가 있습니다. 자기 평가와 동료 평가의 경험이 쌓여 학습 중 문제가 되는 부분을 스스로 교정하는 일이 원활해질수록 수업 목표 도달의 가능성도 높아집니다.

또한 자기 평가와 동료 평가는 수업 중 수시로 실행할 수 있다는 장점이 있습니다. 평가의 준비와 피드백을 모두 교사가 하는 평가에 비해 보다 자유롭게, 필요한 순간에 바로 실행할 수 있습니다. 이를 통해 학생은 자신의 학습을 점검하고 조정하는 습관을 기를 수 있습니다.

Q. 그렇다면 자기 평가, 동료 평가가 제대로 이루어지게 하려면 어떻게 해야 할까요?

A. 첫째, 평가 요소를 학생에게 명확하게 안내해야 합니다. 평가 요소가 명확해야 학생 스스로 무엇을 잘하고 무엇이 부족한지 파악할 수 있기 때문입니다. 평가 요소를 명확하게 안내하지 않으면, 학생은 어떤 것을 평가해야 할지 모르는 상태에서 각자 다른 평가 요소를 평가하게 됩니다. 만약 앞선 사례에서 학생들에게 다음과 같은 평가 요소가 담긴 체크 리스트를 나누어 주었다면 어떠했을까요?

'마음이 잘 드러나게 편지 쓰기' 평가 체크 리스트

잘함 ◎ / 보통 ○ / 노력 요함 △

평가 요소 \ 평가하는 사람	자기 평가	동료 평가		
	나	현수	민아	지윤
받을 사람을 썼나요?	◎	◎	◎	◎
첫 인사를 썼나요?	○	○	◎	◎
전하고 싶은 마음을 썼나요?	△	△	○	△

학생들에게 평가 체크 리스트가 제공되었다면, 친구들의 편지를 보면서 글씨체나 편지지에 그려진 그림이 아니라 받을 사람을 썼는지, 전하고 싶은 마음을 제대로 잘 표현했는지 등 핵심 수업 내용을 평가했을 것입니다.

둘째, 학생이 평가 요소를 수시로 확인할 수 있는 장치가 있으면 좋습니다. 그래야 학생 스스로 자신의 학습 과정을 점검하고 교정할 수 있기 때문입니다. 예를 들어 글의 내용을 간추리는 수업을 할 때, 글의 양 날개 여백 부분에 평가 요소를 제공해 주거나 "중요한 문장을 찾으면서 글을 읽고 있나요?"와 같은 안내 멘트를 해 줍니다. 이를 바탕으로 학생은 평가 요소를 확인하고 자연스럽게 중요한 문장을 찾으며 글을 읽을 수 있습니다. 그러한 과정에서 자신의 학습 과정을 스스로 점검하며 자기 주도적인 학습을 하게 됩니다.

Q. 자기 평가, 동료 평가는 모든 학생이 다 할 수 있나요?

A. 평가 요소가 정확하게 제시된다면 이론상 모든 학생은 자기 평가와 동료 평가를 할 수 있습니다. 다만 메타 인지 능력이 높지 않은 초등학교 저학년 학생은 자기 평가와 동료 평가를 어려워 할 수도 있습니다. 따라서 학생의 인지 능력에 따라 자기 평가와 동료 평가 활용 정도를 다르게 하는 것이 좋습니다.

고민 2

온라인 수업의 평가는 어떻게 해야 할까요?

Q. 온라인 수업에서의 평가는 오프라인 수업에서의 평가와 다른가요? 온라인 수업에서 가르친 내용을 효과적으로 평가하는 방법들을 알려 주세요.

A. 5장에서 설명하겠지만, 온라인 수업 역시 오프라인 수업과 수업의 기본적인 요소가 동일합니다. 평가 또한 마찬가지입니다. 오프라인 수업과 크게 다르지 않은 환경 속에서 평가를 실시할 수 있습니다. 이때 온라인 수업도 오프라인 수업처럼 '무엇을' 평가할 것인지 확인하는 것이 가장 중요합니다. 다만 온라인 수업은 오프라인 수업에 비해 수업 중 실시간 관찰로 학생의 학습 상태를 바로 확인하는 것이 쉽지 않을 때가 있어서 이 부분에 대한 보완이 필요합니다.

"기초 바느질법을 이용하여 간단한 인형을 만들 수 있다."라는 수업 목표의 실과 수업을 생각해 볼까요? 학생은 화상 플랫폼을 이용하여 실시간으로 바느질하는 것을 보여 주면서 선생님의 지도 및 조언을 받을 수 있습니다. 선생님의 조언에 따라 잘하지 못한 부분을 바로 교정하여 더 나은 결과물을 만들 수 있게 됩니다.

교사가 실시간으로 학생들의 수행 과정을 모두 점검할 수 없는 상황에서는 이를 따로 확인하고 피드백해 줄 수 있는 방안을 마련하고, 동료 평가나 자기 평가도 적극 활용하는 것이 좋습니다. 예를 들어 바느질하는 모습을 녹화해서 선생님과 친구들에게 보여 주고, 교정할 점을 영상의 댓글이나 쪽지, 채팅 등의 형태로 전달받을 수 있습니다. 이때 패들렛(Padlet)이나 띵커벨(ThickerBell)과 같은 온라인 협업 플랫폼을 이용하면 자신의 과제 수행에 대한 여러 사람의 평가를 한눈에 파악할 수 있고, 친구들의 수행 과정과 평가 결과를 참고하기도 쉽습니다. 이는 제한된 시간 내에 모든 학생의 수행 과정을 관찰하고 피드백해 주기 어려운 상황일 때 활용하면 좋은 방식으로, 오프라인과 온라인 수업 모두에서 실시할 수 있습니다.

5장

on-line을 넘어 all-line으로

온라인 수업에는 무언가 특별한 것이 있다?!

· 온라인 수업 ·

강 선생님은 오프라인 수업에서 사용하던 다음의 수업 지도안을 온라인 수업에 그대로 적용해도 될지 고민입니다.

수업 목표	지역 문화유산 답사 계획을 세울 수 있다.	
수업 내용	지역 문화유산 답사 계획 세우기	
활동 1	답사 계획 세우는 방법 알기	교사 설명
활동 2	답사 계획 세우기	개별 과제 수행
평가	답사 계획을 세우는 방법을 아는가?, 답사 계획을 세울 수 있는가?	서술형 평가, 보고서 평가
자료	교과서, PPT, 동영상, 학습지	

온라인 수업을 준비하면서 오프라인 수업에서 활용한 수업 계획을 그대로 적용해도 되는지, 아니면 변화를 주어야 하는지 강 선생님과 같은 고민을 한 적이 있을 것입니다. 온라인 수업과 오프라인 수업이 어떤 점에서 같고 어떤 점에서 다른지 알면 고민 해결의 실마리를 찾을 수 있습니다.

온라인 수업과 오프라인 수업의 공통점

온라인 수업과 오프라인 수업의 기본 요소는 동일합니다. 수업 목표, 내용, 방법, 평가로 이루어져 있고 학생과 교사가 참여합니다. 또한 효과적인 수업 목표 달성을 위해 수업 내용을 선정하고 조직하며 수업 방법을 설계합니다. 그리고 평가를 통해 목표 도달 여부를 확인해 가며 수업을 수정합니다.

다음의 온라인 수업 지도안 예시를 살펴보면 강 선생님의 오프라인 수업 지도안과 크게 다르지 않습니다. 온라인 수업 1과 2에서 화상으로 수업을 하든 영상 콘텐츠를 시청하든 활동 1을 통해 학생이 알아야 하는 지식(내용)은 오프라인 수업과 같습니다. 또한 이어지는 활동 2에서 화상으로 수행을 하든 수행 과정을 녹화하여 전송하든 과제를 수행한다는 점도 동일합니다. 그리고 평가도 화상으로 점검하든 사진으로 확인하든 그 평가 요소는 오프라인의 서술형 평가나 보고서 평가와 다르지 않습니다.

	온라인 수업 지도안 1	온라인 수업 지도안 2
수업 목표	지역 문화유산 답사 계획을 세울 수 있다.	
수업 내용	지역 문화유산 답사 계획 세우기	
활동 1	답사 계획 세우는 방법 알기 - 교사 설명	
	화상으로 진행	설명 영상 녹화 전송
활동 2	답사 계획 세우기 - 개별 과제 수행	
	화상으로 수행	수행 과정 녹화 전송
평가	답사 계획을 세우는 방법을 아는가? - 서술형 평가	
	화상 OX 퀴즈	온라인 퀴즈 폼 활용
	답사 계획을 세울 수 있는가? - 보고서 평가	
	화상으로 점검	사진으로 전송
자료	교과서, PPT, 동영상, 학습지	
	+ 웹캠, 마이크, PC, 카메라	

교육부에서 제시한 원격 수업 운영 형태에서도 온라인 수업과 오프라인 수업의 유사성을 확인할 수 있습니다. 온라인에서 이루어지는 원격 수업 운영 형태는 크게 세 가지로 나눌 수 있습니다. 첫째, '실시간 쌍방향 수업'은 화상 수업 플랫폼을 이용하여 실시간으로 소통하는 수업입니다. 둘째, '콘텐츠 활용 중심 수업'은 강의를 녹화하여 영상을 전송하거나 학습 콘텐츠를 시청하도록 하는 수업입니다. 셋째, '과제 수행 중심 수업'은 학생들에게 과제를 주어 자기 주도적 학습을 하도록 하는 수업입니다.

이 세 가지 수업 운영 형태가 완전히 새롭게 느껴지나요? 사실 이러한 수업은 오프라인에서 우리가 이미 해 오던 것들입니다. 오프라인 수업은 기본적으로 실시간 쌍방향 소통이 가능한 환경 속에서 이루어지며, 수업 중 기존의 학습 콘텐츠 영상을 활용하기도 합니다. 또한 과제를 제시하고 학생들 스스로 과제를 해결하는 과제 수행 중심의 수업 활동이 포함되기도 합니다. 이처럼 온라인 원격 수업은 오프라인 수업에 매체를 활용하는 부분이 추가되는 것일 뿐, 그 본질은 오프라인 수업과 크게 다르지 않습니다.

온라인 수업과 오프라인 수업의 차이점

오프라인 수업은 교사와 학생이 같은 공간에 있기 때문에 실시간으로 반응할 수 있다는 장점이 있습니다. 교사는 학생이 말이나 글로 직접 표현하지 않더라도 학생의 반응을 여러 각도로 살필 수 있습니다. 학생은 과제 수행 중에 교사에게 교정할 내용을 바로 들을 수 있어 자신이 학습을 잘하고 있는지 실시간으로 파악할 수 있습니다. 예를 들어 학생이 뜀틀을 넘는 것을 보고, 교사는 즉시 "손 멀리!"라고 말할 수 있고 학생은 이 한마디에 자세를 수정할 수 있습니다. 이렇게 오프라인 수업에서는 소통과 피드백이 원활하게 이루어집니다.

온라인 수업은 오프라인 수업보다는 실시간 쌍방향 의사소통이 어려운 환경에서 이루어집니다. 이러한 환경에서는 교사가 학생의 수업 목표 도달 과정에 대한 즉각적인 조언을 주고자 해도 여러 가지 제약을 받게 됩니다. 학생의 수행 과제가 화면에 다 담기지 않을 때도 있고, 학생이 수행 과정을 공유하지 않으면 수업 목표 도달 여부를 확인하기도 어렵습니다. 이렇게 교사의 즉각적인 점검 및 교정을 받지 못할 경우 학생은 자신의 부족한 부분을 개선하기 힘들어집니다. 다시 말해 온라인 수업에서는 소통과 피드백이 오프라인 수업에 비해 원활하지 않을 수 있습니다.

온라인 수업을 할 때 고려할 점

앞서 온라인 수업은 교사와 학생이 다른 공간에 있기 때문에 오프라인에 비해 실시간으로 소통하면서 피드백을 하는 데 어려움이 있다고 했습니다. 따라서 온라인 수업을 계획할 때에는 어떻게 피드백을 줄 것인지를 중점적으로 고려해야 합니다. 교육부의 원격 수업 운영 형태와 관련한 설명에서도 세 가지 유형 모두에서 피드백을 강조하고 있습니다. 수업에서 피드백이 필수적인데, 온라인 수업 환경에서는 이를 놓치기 쉽기 때문에 더욱 강조한 것으로 볼 수 있습니다.

구분	운영 형태
실시간 쌍방향 수업	학생·교사: 화상 수업, 실시간 토론 및 소통 등 즉각적 피드백
콘텐츠 활용 중심 수업	학생: 녹화 강의 혹은 학습 콘텐츠 시청 교사: 학습 진행도 확인 및 피드백
과제 수행 중심 수업	학생: 자기 주도적 과제 수행 교사: 과제 제시 및 피드백

원격 수업 운영 기준안, 교육부, 2020

실시간 쌍방향 수업에서 교사는 수업 내용을 설명할 때, 학생들이 활동에 어떻게 참여하고 있는지 확인해야 합니다. 콘텐츠 활용 수업에서는 영상을 게시한 후 학생들이 제대로 이해했는지 확인하고 부족한 부분에 대해 안내합니다. 또 과제 수행 중심 수업에서도 과제를 제시한 뒤 학생들이 잘 수행하고 있는지 점검합니다. 이를 위해서는 댓글이나 온라인 쪽지, 채팅, 게시판 등을 활용하여 과제 수행 과정을 공유하거나 궁금한 점을 묻고 답하면서 서로 소통하는 과정이 필요합니다.

온라인 수업 운영을 위한 매체의 이해와 활용

온라인 수업을 원활하게 운영하기 위해서는 온라인 수업에서 사용하는 매체를 이해하고 매체의 활용 방식을 고민해야 합니다. 예를 들어 교사가 실시간 쌍방향 수업을 진행하려면 먼저 줌(Zoom)이나 구글 미트(Google Meet) 같은 여러 플랫폼의 특징을 이해하고 활용 방식을 익힌 후 수업에 적절하게 활용할 수 있는 것을 선택해야 합니다.

이러한 과정이 낯설고 어렵게 느껴질 수 있지만 우리는 이미 오프라인 수업을 할 때에도 다양한 매체에 적응해 왔습니다. 먼 과거에는 칠판과 분필만으로 수업을 했지만 현재는 교실에 각종 기기와 장비가 마련되어 있고, 이를 활용한 수업을 하고 있습니다. 이와 마찬가지로 온라인 환경에서 접하는 새로운 매체에도 금방 익숙해질 것입니다.

온라인 수업과 오프라인 수업은 언뜻 이질적인 것처럼 보이지만, 수업의 기본 요소를 중심으로 살펴보면 그 본질은 같다는 것을 알 수 있습니다. 온라인 수업도 오프라인 수업처럼 수업의 기본 요소를 중심으로 계획을 세우면 됩니다. 그리고 피드백이 원활하게 이루어지도록 학생과의 소통이 가능한 장치를 마련하는 데에 신경을 써서 수업을 운영하도록 합니다.

수업에서 영상을 활용할 때 고려할 점이 있나요?

첫째, 긴 분량의 영상은 한꺼번에 제시하지 말고 부분으로 잘라서 제시합니다. 수업 영상을 통째로 제시하면 학생들이 집중하기 어려워 수업 목표에 도달하지 못할 수 있습니다. 오프라인 수업을 할 때 학생들의 이해를 돕기 위해 수업 내용을 부분 부분으로 나누어 가르치듯이 온라인 수업 영상도 작은 단위로 나누어 제공하는 것이 좋습니다. 수업 영상을 나누고 그 사이마다 적절한 피드백을 해 준다면 학생들이 수업 내용을 더 잘 이해할 수 있을 것입니다.

둘째, 기존의 자료를 적극 활용합니다. 온라인 수업을 할 때 수업 영상이나 자료를 반드시 직접 만들어야 하는 것은 아닙니다. 오프라인 수업을 할 때 적합한 자료를 찾아서 쓰고 교사들끼리 자료를 공유하기도 하는 것처럼, 온라인 수업 영상이나 자료 역시 기존의 것을 활용할 수 있습니다. 다만 이때에는 저작권에 유의하여 자료의 출처를 밝히고 학교 교육 목적으로만 해당 저작물을 이용하여야 합니다.

오프라인 수업에
온라인 수업 더하기

• 온오프라인 혼합 수업 •

아무도 예상치 못했던 코로나19 전염병으로 인해 갑자기 온라인 수업 시대가 열렸습니다. 처음에 신 선생님은 온라인 수업에 필요한 기기도 잘 다루지 못했고 온라인 수업 운영 방식에 대한 노하우도 없었지만, 지금은 온라인 수업을 능숙하게 하고 있습니다. 신 선생님은 온라인 수업 경험을 살려서 앞으로도 오프라인 수업과 온라인 수업을 병행하면 좋겠다는 생각이 들었습니다. 오프라인 수업과 온라인 수업을 혼합하여 시너지 효과를 내려면 어떻게 해야 할까요?

신 선생님 생각처럼 오프라인 수업과 온라인 수업의 혼합은 수업의 효율을 높이는 긍정적 결과를 가져올 수 있습니다. 특히 오프라인 수업과 온라인 수업을 연계할 때 수업 목표나 내용, 활동의 특성에 적합한 수업 방식을 선택하여 활용하면, 각 수업 방식의 장점을 살리는 수업을 할 수 있습니다.

온오프라인 수업 섞기 1

온라인 수업과 오프라인 수업을 혼합하는 첫 번째 방법은 수업 목표, 수업 내용의 순서나 활동은 고정하고 온오프라인 방식을 맞바꾸는 것입니다.

- **수업 목표나 수업 내용의 순서를 고정하고 온오프라인 바꾸기**

수업 목표나 내용에 순서가 있을 때에는 순서를 고정하고 온오프라인 방식만 맞바꾸어 수업을 구성합니다. 예를 들어 수업 목표가 "장구를 연주할 수 있다."인 경우, 장구 연주법을 익힌 후에 장구 연주를 하는 순으로 수업을 구성합니다. 장구 연주를 한 후 장구 연주법을 익히는 것은 논리적으로 맞지 않으니, 수업 내용의 순서는 고정해야 합니다.

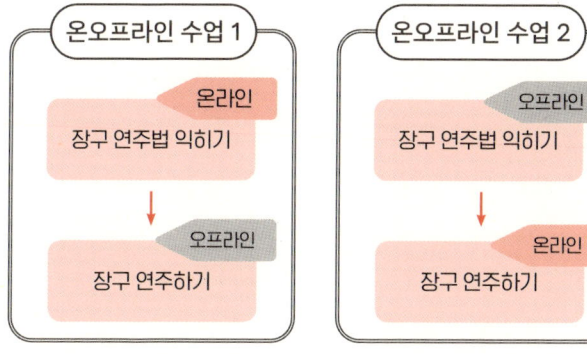

이때 온오프라인 수업 1처럼 장구 연주법을 온라인으로 먼저 익히고, 장구 연주하기는 오프라인에서 할 수 있습니다. 장구 연주법 설명 영상을 온라인으로 제공하면, 학생들은 설명 영상을 원하는 만큼 반복하여 보면서 어려운 연주 방법을 익히는 데 도움을 받을 수 있습니다.

반대로 온오프라인 수업 2처럼 장구 연주법을 오프라인에서 익히고, 장구 연주하기를 온라인에서 하는 것도 가능합니다. 자신의 장구 연주 장면을 영상으로 찍어 공유하게 하거나 실시간 쌍방향 수업으로 장구 연주를 하는 방식을 활용합니다. 실시간 쌍방향 수업의 경우, 오프라인 교실 수업과 전체 수업 시간에는 차이가 없지만 실질적인 개별 연주 시간을 더 확보할 가능성이 있습니다. 오프라인 교실에서는 모든 학생이 같은 공간에서 동시에 연습을 하기 때문에 각자 자신의 연주 소리에 집중하기 어렵고, 다른 학생이 선생님께 검사를 받는 동안 연주를 멈춰야 하기도 합니다. 하지만 온라인 수업은 각기 다른 공간에서 연주하기 때문에 연주 소리가 겹쳐서 발생하는 문제에서 자유로워 오프라인 교실 공간보다 자신의 연주에 더 집중하여 연습할 수 있다는 장점이 있습니다.

- **수업 활동을 고정하고 온오프라인 바꾸기**

수업 활동을 고정하고 온오프라인 방식을 맞바꾸어 수업에 변화를 줄 수도 있습니다. 예를 들어 수업 목표가 "자신의 특성을 찾을 수 있다."인 경우, 개별 활동을 먼저 하고, 이어서 모둠 활동을 하는 식으로 수업을 구성합니다.

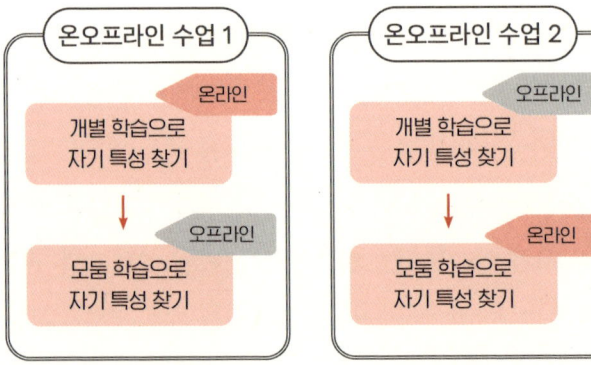

이때 온오프라인 수업 1처럼 온라인 수업에서 자신의 특성을 스스로 찾아보는 개별 활동을 하고, 오프라인 수업에서 친구들과 함께 자신의 특성을 알아보는 모둠 활동을 할 수 있습니다. 반대로 온오프라인 수업 2처럼 온라인과 오프라인 방식을 맞바꾸어 수업을 운영하는 것도 가능합니다. 이전 수업에서 사용한 방식과는 다른 방식으로 모둠 활동을 하게 하면 더욱 좋습니다. 온라인과 오프라인 모두에서 모둠 활동을 해봄으로써 학생들은 다양한 환경에서 친구들과 소통하며 학습하는 경험을 할 수 있게 됩니다.

온오프라인 수업 섞기 2

온라인 수업과 오프라인 수업을 혼합하는 두 번째 방법은 온오프라인에서 다루는 내용이나 활동은 고정하고 수업의 순서만 바꾸는 것입니다. 교과나 수업 목표에 따라 어떤 수업은 온라인에서 하는 것이 더 효과적일 때가 있습니다. 이때에는 온라인에서 학습하는 내용이나 활동은 고정하고 온오프라인 방식을 혼합합니다.

- **온오프라인의 수업 목표나 수업 내용을 고정하고 순서 바꾸기**

 수업 목표가 "조명등을 만들고 작품을 감상할 수 있다."인 경우에는 온라인 수업에서 조명등을 만들고, 오프라인 수업에서 감상하는 것이 더 효과적입니다. 조명등을 만드는 속도가 학생들마다 다른데, 온라인 수업에서 활동 시간을 확보하기가 더 수월하기 때문입니다.

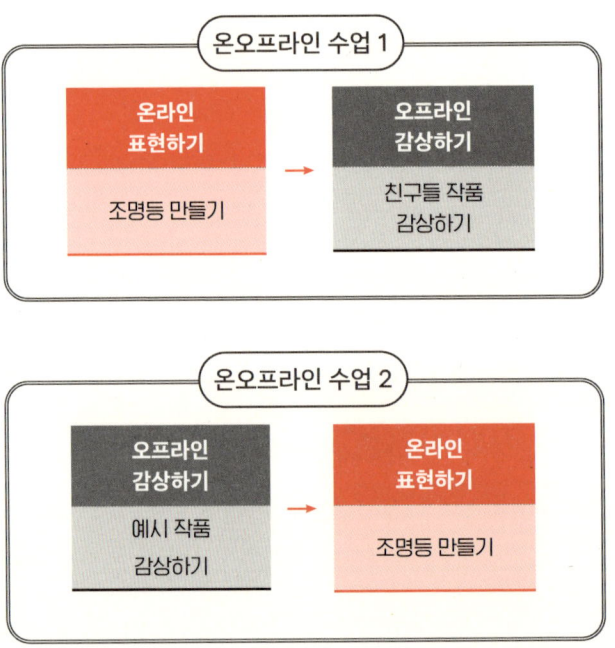

온오프라인 수업 1처럼 조명등 만들기를 온라인에서 먼저 하고 친구들이 만든 작품을 오프라인에서 감상하며 이야기를 나눠 보도록 수업을 구성할 수 있습니다. 순서를 바꾸어, 온오프라인 수업 2처럼 조명등 예시 작품을 오프라인에서 감상한 뒤 각자 조명등을 만들어 보는 활동을 온라인에서 하게 할 수도 있습니다.

온라인 수업의 장점 중 하나는 학생이 충분한 시간을 가지고 과제를 수행할 수 있어 개별화 교육이 가능하다는 것입니다. 과제 수행 속도가 더딘 학생은 비교적 시간에 제한이 있는 오프라인으로 표현 활동과 감상 활동을 모두 할 때보다 온오프라인 혼합 수업을 했을 때 더 좋은 결과물을 만들어 낼 수 있을 것입니다.

- **온오프라인의 수업 활동을 고정하고 순서 바꾸기**

수업 목표가 "우리 지역의 문화유산을 조사하고 소개 자료를 만들 수 있다."인 경우에는 온라인 수업에서 자료를 검색하고 오프라인 수업에서 자료를 공유하는 것이 효과적입니다. 물론 오프라인에서도 자료를 검색할 수 있지만, 온라인에서 더 많은 정보를 쉽게 얻을 수 있기 때문입니다.

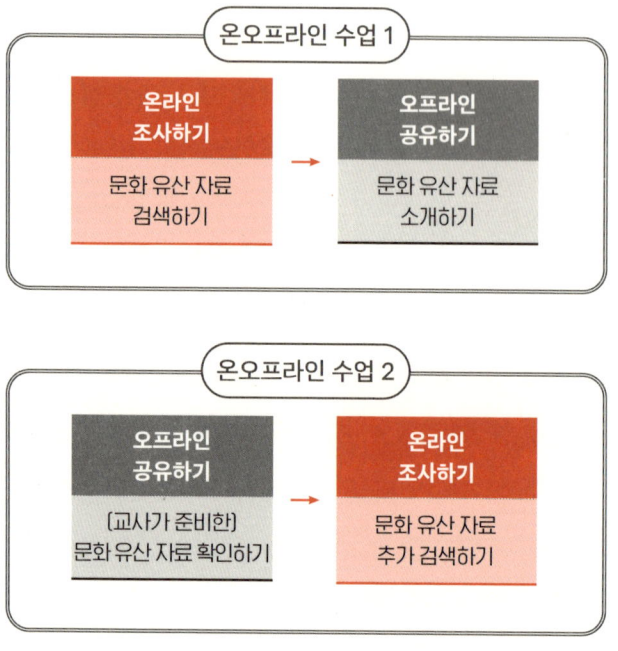

　온오프라인 수업 1처럼 먼저 온라인 수업에서 문화유산에 대한 자료를 검색하고, 오프라인 수업에서는 학생들 각자 온라인 수업 때 조사해 온 자료를 공유하며 다양한 문화유산을 배우는 수업을 할 수 있습니다. 순서를 바꾸어 온오프라인 수업 2처럼 오프라인 수업에서 교사가 제공하는 문화유산 자료를 확인하고 온라인 수업에서는 문화유산에 대한 추가 자료를 검색할 수 있습니다. 다양한 정보를 검색하기가 쉽다는 것은 온라인 수업의 큰 장점입니다. 따라서 자료를 수집하여 활용하는 수업에서는 온오프라인 혼합 방식을 보다 적극적으로 고려해 보는 것이 좋습니다.

각각의 장점과 특성을 고려하면서 여러 나라의 음식을 혼합한다면 훌륭한 퓨전 요리를 만들 수 있지만, 아무렇게나 섞어 버린다면 오히려 음식의 맛을 떨어뜨리게 됩니다. 온오프라인 수업을 섞을 때도 마찬가지입니다. 온오프라인 수업의 장점과 특성을 파악하여 적절하게 혼합할 때, 학습 효율을 극대화할 수 있을 것입니다.

6장

학생과 교사 모두 행복하게

학생 중심으로 수업하기

• 학생을 고려한 수업 •

오 선생님과 최 선생님은 같은 수업을 참관한 뒤 서로의 소감을 나누었습니다. 오 선생님은 학생 발표나 모둠 활동이 없어서 학생 간 적극적인 상호 작용이 부족했고, 교사 혼자만 대부분 이야기하는 교사 중심 수업이었다고 말했습니다. 반면 최 선생님은 학생들이 좋아하는 이야기로 흥미를 끌면서 설명하여 수업 내용을 잘 이해하도록 이끈 점이 인상적인 학생 중심 수업이었다고 말했습니다. 같은 수업을 보고도 두 선생님의 소감이 다른 이유는 무엇일까요?

오 선생님은 학생의 능동적인 활동에 초점을 두고 수업에서 학생 발화량이 얼마나 되는지, 상호 작용이 있었는지를 눈여겨보았습니다. 그리고 그러한 부분이 부족했기 때문에 학생 중심 수업이 아니라고 판단했습니다. 반면 최 선생님은 수업에서 학생이 흥미를 갖고 집중하여 참여하였는지를 더 관심 있게 보았습니다. 교사가 학생의 눈높이에 맞추어 설명하였는지, 준비한 수업 자료가 학생의 흥미와 수업 집중도를 높였는지를 살펴보고, 그러한 부분을 잘 갖추었기 때문에 학생 중심 수업이라고 판단했습니다.

이렇게 학생 중심 수업을 바라보는 인식이 다른 것은 학생 중심 수업을 이야기할 때 학생을 고려하는 지점이 다르기 때문입니다. 학생 중심 수업을 종합적으로 이해하기 위해서는 '학생 중심'이라는 개념을 세분화하여 살펴보아야 합니다.

학생 중심 수업의 의미

학생 중심 수업이 구성주의 이론을 기반으로 형성된 것을 상기하면, 학생 중심 수업은 학생이 스스로 지식을 잘 구성할 수 있도록 적절한 환경을 조성해 주고 교사가 이를 지원하는 식으로 진행되어야 함을 이해할 수 있습니다. 그러한 환경을 조성하기 위하여 학생의 능력이나 경험, 선호 등을 고려하여 수업을 설계하는 것은 넓은 의미의 학생 중심 수업에 해당합니다. 그리고 학생에게 수업 설계와 운영의 선택권을 주는 것, 학생이 수업에 능동적으로 참여할 수 있게 하는 것 역시 학생 중심 수업의 한 모습입니다.

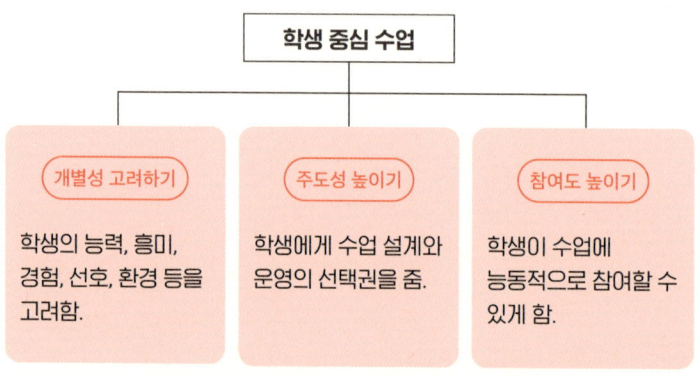

- **학생의 개별성을 중심으로**

학생 중심 수업은 학생의 능력, 흥미, 경험, 선호, 환경 등을 고려합니다. 교육 과정이나 교과서는 일반적이고 표준적인 학생을 대상으로 하지만, 수업은 학생들의 개별 특성을 고려하여 수업 목표나 내용, 방법 등을 구성해야 합니다. 그렇게 해야 학생들이 수업 목표에 좀 더 효과적으로 도달할 수 있고, 학생에 따른 개별화, 맞춤형 교육이 가능합니다.

예1 운동 능력에 따라 뜀틀 높이를 다르게 하여 뜀틀 넘기 연습하기

예2 자주 보았던 올림픽 경기 종목 픽토그램을 활용하여 픽토그램 만드는 방법 알기

- **학생의 주도성을 중심으로**

 학생이 수업 내용이나 수업 방법 등을 선택하고 결정할 수 있도록 수업을 구성하는 것 역시 학생 중심 수업이라고 볼 수 있습니다. 이때에는 학생이 자신의 능력이나 흥미에 따라 수업 내용이나 수업 방법, 수업 자료 등을 선택하게 합니다. 최종적으로 학생 스스로 지식을 구성할 수 있어야 한다는 점에서 주도적으로 수업에 참여해 보는 경험은 중요합니다.

예1 학생 스스로 수업 목표나 내용 및 방법을 결정하고 운영하는 프로젝트 수업

예2 여러 가지 표현 방법(노래 가사 바꾸기, 역할극하기, 동화책 쓰기, 포스터 그리기 등) 중에서 학생이 자율적으로 하나를 선택하여 활동하는 수업

- **학생의 참여도를 중심으로**

학생이 수업에 능동적이고 적극적으로 참여하도록 구성된 수업 역시 학생 중심 수업이라고 할 수 있습니다. 이러한 학생 중심 수업에서는 학생이 수업 목표에 잘 도달할 수 있도록 동적인 활동(발표, 게임 등)이나 정적인 활동(듣기, 쓰기 등)을 제공합니다. 이 중에서 동적인 활동은 정적인 활동에 비해 학생의 참여 여부가 잘 드러나고 학생들도 선호할 때가 많습니다. 그래서 수업 시간에 반영하기가 수월하여 학생 중심 수업에서 많이 활용됩니다.

예1 글을 읽고 등장인물의 성격을 가장 잘 나타내는 장면을 골라 역할극으로 발표하기

예2 자주 방문했던 고장의 중심지를 떠올리면서 중심지의 역할에 관한 설명 듣기

학생 중심 수업의 편견 벗어나기

학생 중심 수업은 학생의 능력이나 학생의 주도성, 참여도를 고려한 수업입니다. 그런데 오 선생님처럼 학생 중심 수업

을 학생이 수업에 능동적이고 적극적으로 참여하는 형태로 한정 지어 생각하는 경우가 많습니다. 학생이 수업 시간에 활발히 참여할수록 지식을 스스로 더 잘 구성할 수 있다고 생각하기 때문입니다. 하지만 교사가 학생의 능력과 흥미 등을 고려해서 수업 내용과 방법을 달리하여 가르치는 수업도 학생이 지식을 구성하는 데 도움을 줄 수 있기 때문에 학생 중심이라는 말의 의미를 넓게 생각할 필요가 있습니다.

한편, 학생이 주도적으로 수업에 참여했을 때의 단점에 대해서도 생각해 보아야 합니다. 학생에게 선택권을 많이 제공했을 때 수업 목표에 도달하는 시간이 길어지거나 수업 목표 도달에 어려움을 겪을 수도 있습니다. 3장 과제 분담 방식에서 살펴보았던 환경 신문 만들기 수업을 떠올려 봅시다. 학생들이 직접 과제를 분담하도록 했을 때, 만약 글쓰기, 그림 그리기, 발표하기 등으로 역할을 분담한다면 학생들 중 일부는 환경 문제와 관련한 지식을 구성하지 못할 수도 있습니다. 수업 목표 달성에 적절한 형태로 과제를 분담하지 못했기 때문입니다.

이러한 문제를 해결하기 위하여 초반에는 교사의 개입이 필요합니다. 교사는 학생의 현재 상태나 관심을 파악한 후, 적절한 환경을 조성하고 질문을 던지면서 점차 스스로 지식을 구성해 나갈 수 있도록 도와줍니다. 그러다 학생이 자율적으로 지식을 구성하는 데 익숙해지면 학생의 주도권을 확대해 가는 형태로 학생 중심 수업을 구성하는 것이 좋습니다.

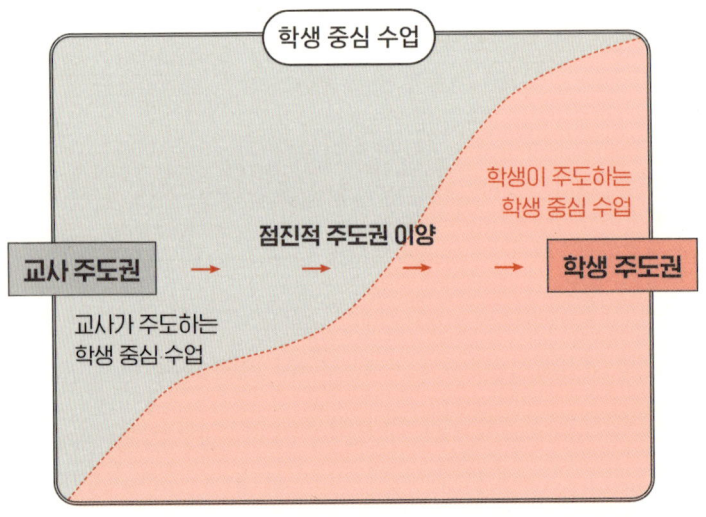

 이렇게 학생 중심 수업에서도 교사의 역할은 중요합니다. 교사의 개입으로 인해 교사 중심 수업처럼 보일 수 있지만 학생의 흥미나 능력 등을 고려하여 수업을 설계하고, 학생이 독립적으로 지식을 구성할 수 있도록 주도권을 이양해 가는 과정 중에 있는 수업이라면 학생 중심 수업이라고 보아야 합니다. 그렇게 수업할 때 점차 교사의 도움 없이도 학생 스스로 지식을 구성할 힘을 기를 수 있을 것입니다.

 학생 중심 수업은 학생이 수업 목표에 도달할 수 있도록 학생의 개별성, 주도성, 참여도를 고려하여 수업을 설계하고 운영하는 것입니다. 학생의 주도성과 참여도를 보장하는 형태의 수업뿐만 아니라 교사가 주도하지만 학생들의 특성이나 개별 능력을 고려하여 구성한 수업도 학생 중심 수업이라고 말할 수 있습니다. 학생 중심 수업은 이렇게 학생 중심이라는 말의 의미에 따라 판단해야 합니다. 모든 부분에서 학생을 고려해야 한다는 부담감에서 벗어나 어떤 한 부분에서는 학생을 고려한 학생 중심 수업을 했다고 말할 수 있었으면 좋겠습니다.

수업에서 교사는 어떤 역할을 해야 할까요?

　수업에서 교사의 역할은 안내자, 촉진자, 지도자 등 다양합니다. 교사는 수업 목표나 학생에 따라 이러한 여러 가지 역할을 수행할 수 있어야 합니다. 그런데 학생 중심 수업이 주목받으면서 교사의 조력자로서의 역할만 강조하는 경우가 있습니다. 교사의 역할을 특정 방향으로 제한하는 것은 수업의 다양성을 해칠 수 있기에 바람직하지 않습니다.

　교육의 최종 지향점은 학생이 학습하는 능력을 길러 스스로 지식을 습득하고 활용할 수 있게 하는 것입니다. 그 결과에 이르는 길에서 교사의 역할은 수업 목표와 학생의 성향에 따라 그때그때 달라져야 합니다. 가령 지식을 가르칠 때 학생의 오개념을 줄이고 시행착오 없이 기능을 숙달시키는 수업을 할 때는 지도자로서의 교사의 역할이 중요합니다. 반면 학생이 적극적이고, 학습 수준이 높을 경우에는 조력자나 안내자로서의 교사 역할이 중요합니다.

수업 속의 '교사'와 수업 속의 '나'

• 교사를 고려한 수업 •

글쓴이	옥 선생님
제목	수업할 자신이 없어졌어요. ㅠㅠ
내용	6년 차 교사인데, 제가 좀 차분한 스타일이에요. 그런데 어느 순간 아이들이 재미없어하는 것 같아 수업 방식을 좀 바꿔 보려고 했거든요. 수석 교사들 영상을 보니까 에너지가 넘치고 목소리 높낮이도 다양하고 그래서 저도 일부러 목소리를 크게 하고 행동도 좀 과장되게 따라 해 봤는데 너무 불편하고 어색해요. 그렇더라도 계속 연습해야 하는 걸까요?

　┗ **송 선생님**　　제 이야기인 줄······.
　┗ **박 선생님**　　저도 차분한 스타일인데, 아이들은 지루하려나요?
　┗ **1년 차 선생님**　저희 반은 오히려 너무 격양되어 있어서 고민이에요.

수업에서 학생과 교사는 모두 수업 참여자입니다. 그런데 그동안 우리가 수업을 구성할 때, 학생에 대해서만 고민하고 집중하다 보니 교사인 나 자신에 대해서는 제대로 살피지 못했던 것 같습니다. 수업을 진정으로 잘하기 위해서는 선생님 자신을 잘 알고 이를 고려하여 수업하는 것이 중요합니다.

수업에서 교사를 고려할 때의 장점

교사를 고려하여 수업을 하면 어떤 점이 좋을까요? 먼저 나와 맞는 수업이기 때문에 수업 운영이 편하고 자연스럽습니다. 나와 맞지 않는 수업을 시도해 볼 수는 있으나 지속적으로 그러한 수업을 연구하고 추구하는 것은 힘이 듭니다. 다음으로 교사로서의 자기 효능감이 높아집니다. 자기 효능감은 자신이 어떤 일을 잘 해낼 수 있으리라는 긍정적인 믿음을 의미합니다. 다른 선생님과 비교하지 않고, 자신의 성향에 맞는 수업, 자신의 강점을 반영한 수업을 구성한다면 수업 운영에 대한 심리적 부담을 낮추고 수업을 성공적으로 이끄는 것이 수월해질 것입니다. 자신이 잘하는 부분에 집중하여 수업을 운영함으로써 교사로서의 자기 효능감을 높이고 그로 인한 긍정적 효과를 기대할 수 있습니다.

나는 어떤 성향을 지닌 교사일까요?

• **과제 선택, 어디까지 허용하나요?**

어떤 교사는 학생들이 스스로 과제를 선택할 수 있게 하고, 어떤 교사는 학생들에게 과제를 정해 주기도 합니다. 예를 들어 동시를 읽고 느낀 점을 표현하는 수업을 할 때 그림, 몸짓, 노래, 말로 표현하기 등 다양한 표현 방법 중 하나를 학생 스스로 선택하게 하거나 그중에서 하나를 교사가 정해 줄 수 있습니다.

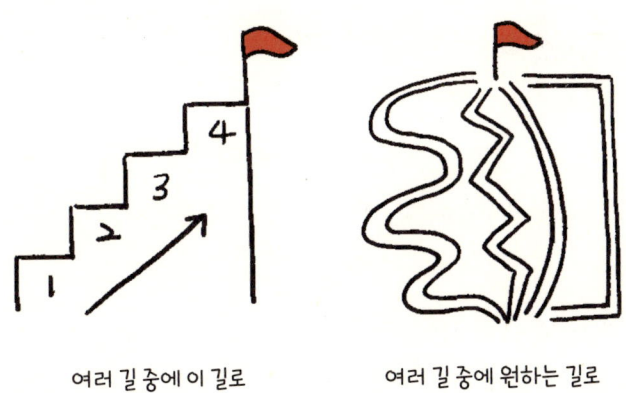

여러 길 중에 이 길로 　　　여러 길 중에 원하는 길로

- **수업 분위기, 어떤 편이 좋은가요?**

  교사마다 선호하는 수업 분위기도 다릅니다. 어떤 교사는 학생의 활동 범위를 넓게 허용해 주는 등의 방법으로 활기찬 수업 분위기를 만들고, 어떤 교사는 학생의 활동 범위를 좁게 두는 등의 방법으로 차분한 수업 분위기를 만듭니다. 같은 수업 활동일지라도 학생들이 자유롭게 돌아다니며 활기차게 서로의 의견을 교환하게 할 수도 있고, 이동이나 큰 움직임 없이 질서 있고 조용한 분위기 속에서 의견을 교환하게 할 수도 있습니다.

- **선생님의 이야기, 어디까지 하나요?**

  사생활을 학생들에게 편하게 이야기하는 교사도 있고 그렇지 않은 교사도 있습니다. 어떤 교사는 자신의 가족 이야기나 학창 시절 이야기를 수업 자료로 활용합니다. 반면 어떤 교사는 개인적인 이야기를 하는 것을 불편해하기도 합니다. 그럴 때에는 자신의 개인적인 이야기가 아닌 다른 이야기를 수업 자료로 활용합니다.

- **주의 끌기, 어떻게 하나요?**

  어떤 교사는 강조할 내용이 있을 때 목소리에 힘을 주어 평소보다 강한 어조로 크게 말하며 몸짓까지 추가하기도 합니다. 반면 어떤 교사는 중요한 내용을 전달할수록 오히려 목소리에 힘을 빼고 평소보다 여린 어조로 작게 말하며 주의를 집중시킵니다. 이렇듯 학생들의 주의를 끄는 방법도 교사가 추구하는 방향과 성향에 따라 차이가 납니다.

- **교구 활용, 얼마나 하나요?**

교사마다 수업 자료에 대한 생각이나 능력에 차이가 있습니다. 수업 자료를 사용할 때 더 자신감이 생긴다는 교사도 있고, 수업 자료를 만드는 것을 좋아하는 교사도 있습니다. 반면에 어떤 교사는 만들기에 소질이 없어 수업 자료 제작이 큰 스트레스일 수도 있습니다. 수업 자료가 없어도 학생들이 수업 목표에 도달할 수 있다면 굳이 교사가 스트레스를 받아가면서까지 수업 자료를 만들 필요는 없습니다.

- **시간, 꼭 지키나요?**

시간을 엄격히 지키는 것이 편한 교사는 정해진 시간표를 바꾸는 것을 되도록 하지 않으려고 하고, 수업 시간의 시작과 끝을 일정하게 유지하고자 합니다. 반면에 시간을 유동적으로 쓰는 것이 편한 교사는 그날의 상황과 환경에 맞게 시간표를 변경하고, 수업 시간을 늘리거나 줄이면서 수업을 하기도 합니다.

- **수업 중에 누가 더 많이 말하나요?**

  교사의 발화가 많은 것이 효율적이라고 생각하는 교사가 있고, 학생의 발화가 많은 것이 좋다고 생각하는 교사가 있습니다. 교사와 학생의 발화량은 수업 목표에 따라 달라질 수 있지만 전체적으로 보았을 때 수업 목표 도달을 방해하지 않는다면 교사가 더 낫다고 생각하는 방향으로 교사와 학생의 발화량을 조정할 수 있습니다.

제시된 일곱 가지 성향 외에 또 교사의 어떤 점을 고려할 수 있을까요? 자신에게 중요한 가치도 수업을 계획할 때 고려해야 하는 부분이 되기도 합니다. 평소 협동을 중요하게 생각하는 교사는 매번 경쟁적인 게임을 활용한 수업을 하게 되면 수업을 하면서 계속 마음이 불편할 수 있습니다.

어떤 수업이 내게 맞을까 고민하는 이유는 그만큼 좋은 수업을 하고 싶기 때문입니다. 이러한 고민을 한다는 것은 이미 좋은 교사라는 증거입니다. 한 명의 교사가 모든 종류의 수업을 잘하는 것은 사실상 불가능합니다. 그렇기 때문에 교사 스스로도 즐겁게 할 수 있는 수업이 무엇인지 아는 것이 중요하고, 수업을 구성할 때 이를 반영하는 것이 좋습니다.

일할 때 정장이 편한 사람이 있는 반면, 캐주얼한 옷이 더 편한 사람도 있습니다. 교사 자신을 고려하면서 수업을 계획하는 것은 자신에게 잘 맞는 옷을 찾는 과정이라고 할 수 있습니다. 불편한 옷을 억지로 입기보다 자신에게 잘 어울리는 옷을 찾아 입듯이, 나와 맞지 않는 수업을 따라가기보다는 내가 잘하는 것, 내가 좋아하는 것, 내가 편안한 것에 집중하여 수업을 구성해 보면 어떨까요?

참고 문헌

김진규, 『50가지 이야기』, 교육과학사, 2010.
김현수, 『학생 참여형 수업의 교실 혁명』, 교육과학사, 2019.
서영진, 「국어 교과서의 학습 목표 분석: Bloom의 신교육목표분류학을 바탕으로」, 『국어교육』140, 한국어교육학회, 2013.
성태제, 『교육평가의 기초』, 학지사, 2019.
이용환·곽기상, 『교육방법과 교육공학』, 형설출판사, 2005.
이인학·이기영·김규태·최성열·신성철·박지은·류관열·김도진, 『최신 교육의 이해』, 학지사, 2013.
최영환, 『국어교육학의 지향』, 삼지원, 2003.
최영환, 「국어과 평가의 재구조화 방안 연구」, 『경인교육대학교 교육논총』 제25권 제1호, 경인교육대학교 교육연구원, 2005.
최영환, 「국어과 교수·학습 모형과 수업 설계」, 『한국초등국어교육』 제36집, 한국초등국어교육학회, 2008.
최영환·이병은·김나래, 『아하 한글 받아쓰기 2: 소리의 변화가 간단한 말』, 창비교육, 2021.
황정규·이돈희·김신일, 『교육학개론』, 교육과학사, 2011.
『교육과정 고시 제2015-74호』, 교육부, 2015.
「2020학년도 초중고특수학교 원격수업 운영 기준안」, 교육부, 2020.

좋은 수업

나의 수업 다시 보기 좋은 수업 바로 보기

초판 1쇄 발행 • 2022년 10월 12일

지은이 • 신지현 원보라 이병은 이지영 김나래 이수현 김윤현 박신영 최영환
펴낸이 • 강일우
편집 • 강혜미
펴낸곳 • (주)창비교육
등록 • 2014년 6월 20일 제2014-000183호
주소 • 04004 서울특별시 마포구 월드컵로12길 7
전화 • 1833-7247
팩스 • 영업 070-4838-4938 / 편집 02-6949-0953
홈페이지 • www.changbiedu.com
전자우편 • textbook@changbi.com

ⓒ 신지현 원보라 이병은 이지영 김나래 이수현 김윤현 박신영 최영환 2022
ISBN 979-11-6570-160-4 03370

* 이 책 내용의 전부 또는 일부를 재사용하려면
 반드시 저작권자와 (주)창비교육 양측의 동의를 받아야 합니다.
* 책값은 뒤표지에 표시되어 있습니다.